10x《テンエックス》

同じ時間で10倍の成果を出す仕組み

名郷根 修

SHU NAGONE

How to get
10 times more results
in the same
amount of time

日本実業出版社

はじめに

「一生懸命、長時間働いても成果が出ず、プライベートの時間も持てない」かつての自分のような人へ

朝早くから夜遅くまで仕事をしても終わらない

「やれやれ、今朝も混んでいるな……」。そう心の中でつぶやきながら満員電車に乗り込む。「今日も残業しないと今回のプロジェクトは期限までに完了できないな……」。憂鬱《ゆううつ》な気分になりながら、窓の外の風景をぼんやりと眺めて電車で移動する。

ふと我に返り、スマホで「仕事を効率化する方法」を検索する。数多くの記事や動画が見つかるけれども、それらを読んだり見たりしても、これまで劇的に仕事の効率を上げることはできなかった。

「仕事の生産性を高める方法」についての本もたくさん読んだけれど、朝から晩まで仕事をして家族との時間を持つことができない自分の生活は一向に変わらない。

いつかは家族とのんびり旅行に出かけたり、幼い子どもたちと一緒に遊んだりできる生活をしたいと思っているけれども、仕事優先でずっと先送りに。

そんな繰り返しの日々が何年も続いていました。

これは過去の私の話ですが、**もしあなたが毎日忙しく、一生懸命、長時間働いても思うように成果を出せないなか、その状況を「変えたい」と思っているのでしたら、この本はあなたのための本です。**

かつての私はまさに、毎日、朝早くから夜遅くまで仕事をして、通勤電車に揺られながら憂鬱な日々を過ごしていました。膨大な仕事をこなさなければならない日々が続き、週末も仕事をしていて心身ともに疲弊していました。

もちろん、そうならないように努力はしました。結婚して子どもを2人授かってからは、共働きで仕事の合間に家事をし、子どもたちを保育園に送迎して、週末は公園に出かけたりしていました。

けれども、仕事が増えるにつれて余裕がなくなり、週末に休みが取れたときでも、何もする気も起きず、うつ状態になり寝室に引きこもるようになっていました。

そんなとき、４歳だった息子が「パパ、遊ぼう」と寝室に入ってきたのですが、うつ状態で遊ぶ気になれず「ごめん。今は遊べないんだ……」と断ってしまいました。今振り返ると父親として失格だったと思いますし、当時から自己嫌悪に陥っていました。

「仕事で成果を出すためには誰よりも働かなければならない」「家族を守るために、会社に貢献するために、もっと頑張らないといけない」と思いつつ、一方で「家族と過ごす時間がもっとほしい……」「時には仕事のことをいっさい気にせず休みたい……」というジレンマを抱えていました。

そのようななか、子育てや家事の負担が共働きの妻に偏った末に、とうとう妻から「毎晩遅くに帰ってお金を稼いでこられてもうれしくないよ」と言われたのです。

これは私にとって妻からの最終宣告のように感じました。このひと言をきっかけに、私は働き方を変えることを決意しました。

同じ時間で10倍の成果を出す仕組み!?

そこから、仕事で成果を出すと同時に、家族との時間も大切にできるライフスタイルを実現できるかを本気で模索するようになりました。

そうしたライフスタイルを実現する方法を探し続けた結果、**「やりたい仕事で10倍の成果を出しつつ、働く時間を減らして豊かな人生を手に入れる仕組み」**を見つけることができたのです。


「やりたい仕事で10倍の成果なんて、そんなことあり得ない」

「一生懸命働いても、前年比＋10％増の1・1倍の目標ですら達成が難しい」

「2倍にするのさえも難しいのに、そんな方法があったら誰も苦労しない」

「働く時間を減らして成果を出せる？　いったいどうやったらそんなことができるの？」


そのように考えるのも無理のないことだと思います。私自身もそんな方法がすぐに見つかったら、毎日朝早くから夜遅くまで働き続けて心身ともに疲弊して、うつ状態で寝室に引きこもることはなかったでしょう。

しかしながら、私は断言します。「やりたい仕事で10倍の成果を出しながら、働く時間を減らして豊かな人生を手に入れる仕組み」があるのです。

想像してみてください。もし同じ時間で成果が10倍になるとしたら、あなたのライフスタイルはどのように変わりますか？

同じ時間で仕事の成果が10倍になり、自由に使える時間が増え、経済的に豊かになり、大切な人たちとゆっくりと食事をしたり、いつか行きたいと思っていた場所に旅行できるようになったりする自分の姿をイメージしてみてください。

私がこの本でお伝えする「同じ時間で10倍の成果を出す仕組み」は、流行りの時短術や「これさえあれば誰でも簡単にできる魔法のテンプレート」みたいな一時的で表面的なものではなく、一度身につけたら長くずっと使える仕組みです。

どんな職種や状況でも活用できる再現性の高い仕組みで、この仕組みを身につけると人生が劇的に変わります。

この仕組みを教えてくれた私の先生であり、伝説の戦略コーチであるダン・サリヴァンは、同じ時間で10倍の成果を出すためのヒントとして、次の至言を伝えています。

Our eyes only see and our ears only hear
what our brain is looking for. ——Dan Sullivan
（私たちの目と耳は脳が探しているものだけを見聞きする）

このメッセージを意識していただきながら、この本をこれから読み進めると「同じ時間で成果を10倍出す仕組み」を、より速く、より効果的に身につけられるようになります。

10x　同じ時間で10倍の成果を出す仕組み　目次

第1章　もし同じ時間で成果が10倍変わるとしたら

第2章　「10倍の目標」を立てると、これまでの延長線上にはない発想が生まれる

第3章 「好き」「得意」「人の役に立つ」「お金を生む」という4条件に特化する

第4章 ビジネスは「どうやるか」以上に「誰とやるか」

第5章 チームをつくって「仕組み化」する

第6章 「10x」を習慣化すると、「豊かな生き方」が手に入る

カバーデザイン　西垂水敦・市川さつき（krran）
本文デザイン＆ＤＴＰ　浅井寛子
企画協力　ブックオリティ

10x

第1章

もし同じ時間で成果が10倍変わるとしたら

伝説の戦略コーチ、ダン・サリヴァンに学んだ「10X」という思考法

働き方を変えるために「10X《テンエックス》アンビションプログラム」への参加を決意

どうしたら仕事で成果を出すと同時に、家族との時間も大切にできるライフスタイルを実現できるか。

そのことを探究するようになってから、脳には自分の興味関心のある情報を無意識に集める「RAS」という機能があるようで、ある情報が入ってきました。

それは、多くの起業家や経営者を指導してきた「伝説の戦略コーチ」と呼ばれるダン・サリヴァンが共同創業したストラテジック・コーチ社による、「10xアンビションプログラム」という「10倍の成果を出しながら自由な時間を増やす方法」を教えるプログラムです。

このプログラムは当時、年に4回、カナダのトロントにあるストラテジック・コーチ社の本社オフィスでの参加を必須としていました。

東京からトロントまでの移動時間は片道のフライトで最低12時間かかることもあり、プログラムに参加するための時間や費用の捻出も含め、相当のコミットメントが必要とされるものでした。しかし、「本気で働き方を変える」と決意した自分にとっては必要なプログラムだと確信して、参加を決めました。

ストラテジック・コーチ社は30年以上にもわたり、2万人以上の起業家や経営者を指導してきた会社で、「10xアンビションプログラム」でダン・サリヴァンがうたっている**「10倍の成果を出すのは2倍の成果を出すより簡単」**という考え方に惹かれたからです。

事前にプログラムの内容について理解した範囲では、**今までの延長線上で目標を立てて長く働いて成果を出すのではなく、「10倍の目標を達成する」と考えることで創造性を発揮して、これまでのやり方とは異なる革新的な方法を生み出し、大きな成果を出しながら、プライベートの時間を増やせるとのこと。**

まさに自分にとって必要なことだと思い、期待を胸にトロントへ出発しました。

実際に10倍の成果を出している人たち

成田国際空港からトロントのピアソン国際空港まで約12時間のフライトを終え、トロント市内のホテルで1泊した後、「10xアンビションプログラム」の初日に参加しました。

会場のストラテジック・コーチ社のオフィスに到着すると、すでにたくさんの起業家や経営者が集まっていて、受付で登録してからプログラムの資料を受け取り、講義が行われる部屋に行きました。

そこには50人くらいの受講者がいて、年代は40代から50代くらいの年齢層が多く、男女比は7：3くらいで男性が多い印象でした。

講義が始まるまでの間に数人の参加者とコーヒーを飲みながら雑談をしていると、さまざまな分野の起業家や経営者が事業を10倍にしながら自由な時間を増やす方法を求めて参加していることがわかりました。中には5年や10年以上参加していて、すでに事業が10倍以上になって自由な時間を得られるようになっても学び続けている方もいました。

10倍の成果を出すのは2倍の成果を出すより簡単!?

「10xアンビションプログラム」を受けるまでは、「10倍の成果を出すなんて本当にできるのだろうか？　それってすごく大変なことなんじゃないか？」と正直思っていました。

プログラムは、このように考えることから解き放たれることから始まります。**まず多くの人は「10倍の成果を出すのは難しい」という思い込みにとらわれているからです。**

とは言っても、10倍の成果を出すと聞いたら、大変なことだと思いますよね。

たとえば「もし2倍の成果を出すとしたら？」と考えたときに、これまでの2倍仕事をして成果を出すと考える人が多いと思います。

「2倍の成果を出すこと」が「2倍働く」とイコールになると直感的にイメージするわけです。この時点で「2倍の成果を出す」というポジティブで意欲的な言葉が、「2倍長く働かなければならない」というネガティブなイメージに変換されます。

一方、**「もし10倍の成果を出すことができたら？」と考えたら、まったく別の反応が起こります。10倍の成果を出すために10倍働くのは不可能であり、長く働いて成果を出す考え方とは別の考え方を必要とするからです。**

「同じ時間で10倍の成果を生み出す仕組み」に基づいて仕事をするには、従来の延長線上にはない発想を起点として、チームワークやほかの人からのサポートを得ながら、あなたが最も好きで得意なことに注力します。「10倍の成果を出す仕組み」に基づいた働き方をすることで、あなたはチームで大きな成果を出しながら自由な時間を増やすことができるのです。

そのため、この本のタイトルにある「同じ時間で10倍の成果を出す」というのは、正しくは時間も大幅に短縮される可能性もありますが、あくまで仮に「同じ時間をかけたとしたら」という意味で用いています。

ダン・サリヴァンから教わった「10倍の成果を出す仕組み」を、本書では**「10x（テンエックス）」**と呼びます。「x」は英語で「倍」、「10x」は「10倍」ということです。**「10x」によって、10倍の成果を出せる、働く時間を減らせる、プライベートの時間が増やせるのです**（これから本書でお伝えしていく「10x」に基づいた働き方はストラテジック・コーチ社による「10xアンビションプログラム」で私が学んだことがベースになっています。ただし、私が実践し、とくに効果があった内容を厳選してお伝えするとともに、私自身の経験を通して、理解しやすい、実践しやすい方法に変更している内容もあります）。

「働けば働くほど成果が上がる」は間違っていた

「24時間戦えますか？」

私は「10x」を身につけるまでは、働けば働くほど成果が上がるのだから、仕事で成果を出すためにはもっと働かなければならないのが当たり前だと考えていました。

私が小学生の頃（1989年）、栄養ドリンク「リゲイン」のCMで「24時間戦えますか？」というキャッチフレーズが流行りました。このCMソングが放送された時代は、働けば働くほど会社の業績が上がり続けたバブル期で、会社や給与のために働き続けた世代を象徴したものでした。

今となってはそのような働き方をすればブラック企業とみなされ、すぐに社会問題になりますが、もちろん当時は「ワーク・ライフ・バランス」という言葉もなく、長時間バリバリ働くことが普通に受け入れられていました。

ただ誤解を恐れずに言えば、私は長く働くこと自体は悪いことだとは思っていません。自分が好きでやりたいことを実現するため、仕事で成果を出すために長く仕事をすることは自らの選択だととらえています。

大きな成果を出すには、それなりの時間を必要とすることも理解しています。しかし、長く働き続けることで心や身体の健康を害してしまったり、家族との関係を損なってしまったりするのは本末転倒であることは身をもって体験しました。

「ワーク・ライフ・バランス」の限界

では、「ワーク・ライフ・バランス」という観点で、仕事とプライベートを上手に両立できないものなのか？

「ワーク・ライフ・バランス」とは、仕事とプライベートのバランスをとってどちらも充実させる働き方・生き方のことを意味します。

私は、妻と共働きをして子育てをしている経験から、「ワーク・ライフ・バランス」にも限界があるように感じました。

私も妻も海外のビジネススクールを卒業してMBAを取得し、ビジネスに関する知識を身につけ、仕事でそれなりに成果を出せるようになったものの、十分なプライベートの時間を持てるようにはなりませんでした。仕事とプライベートのどちらかを抑えなければならない課題が生じていたのが実情でした。

「ワーク・ライフ・バランス」は1日24時間の中で仕事とプライベートの時間のバランスをとることなので、仕事に100パーセント注力しながら、プライベートを100パーセント思う存分満喫することはできず、どちらかを我慢しなければならない課題が生じていたのが実際のところだったからです。

だからこそ、「10x」による、限られた時間の中で成果を出し、自由な時間を持てるライフスタイルは「幸せな働き方」という視点でも最も理に適っていると、私は直観しました。

ワーク・ライフ・バランス

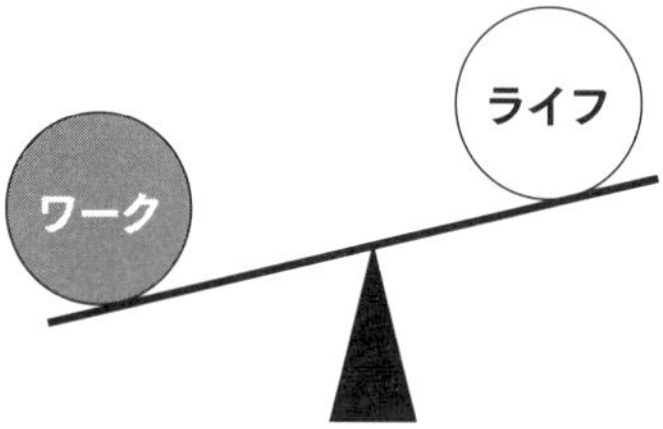

1日24時間の中で仕事と
プライベートの時間のバランスを
とらざるを得ない

「10x」に基づいた働き方

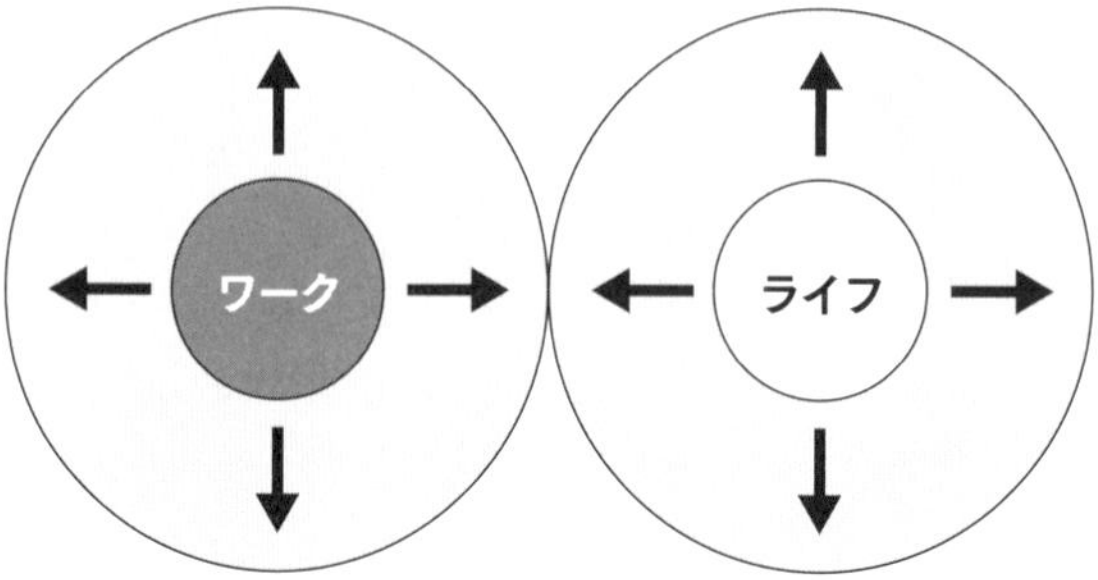

仕事で10倍の成果を出しながら
自由な時間を増やすことができる

いきなり仕事に取りかからない

「働き方」には現実的にさまざまな壁があるなか、「10Ｘ」を学び実践することで、やりたい仕事で活躍しながら、自由な時間を増やすためのコストパフォーマンスあるいはタイムパフォーマンスは非常に高くなります。

「10ｘ」に基づいた働き方を実現する重要なポイントは、大きな成果を出すために、いきなり仕事に取りかかるのではなく、「考える」ことです。

「どうしたら、今までのやり方や長時間働く以外の方法で目標を達成できるのか？」という問いを自ら立て、「考える」プロセスを入れるのです。

たとえば、東京から大阪に出張することになって、いきなり大阪へ向かって走り出さないですよね。

飛行機を使うのか、新幹線を使うのか、車を使うのか、そもそも行かないといけないのか、オンラインミーティングでも対応可能なのか、ほかの人でも対応可能なのか。行動する前に考えます。

「10Ｘ」では、この「考える」プロセスを入れることで、仕事の生産性が大きく変わります（結果、プライベートの時間の確保にもつながります）。

「10倍の目標」を達成するための4つのステップ

「10倍の目標」を達成するためのステップは、大きく次の4つです。

①「10倍の目標」を立てる
②「好き」「得意」「人の役に立つ」「お金を生む」という4条件に特化する
③「どうやるか」以上に「誰とやるか」を重視する
④チームをつくって「仕組み化」する

①「10倍の目標」を立てる

①の「10倍の目標」は、これまでの延長線上で前年比＋10％の成長といった基準で目標を立てるのではなく、10倍の未来から現在を過去のように見る視点を持って目標を立てます。

②「好き」「得意」「人の役に立つ」「お金を生む」という4条件に特化する

「10倍の目標」を達成する2つ目のステップは「好き」「得意」「人の役に立つ」「お金を生む」という4条件に特化することです。ダン・サリヴァンは、これらの4つの条件を満たす能力を**「ユニークアビリティ」**と呼んでいます。

ユニークアビリティとは、人が情熱を持って仕事に取り組める能力です。この能力を活かして仕事をすることで質の高い仕事ができ、自分をヒーローであるかのように感じられる能力です。

> You already have everything within you
> that you need to create an exceptional life. ――Dan Sullivan
> （卓越した人生をつくり出すために必要なものをあなたはすでに持っている）

ユニークアビリティ

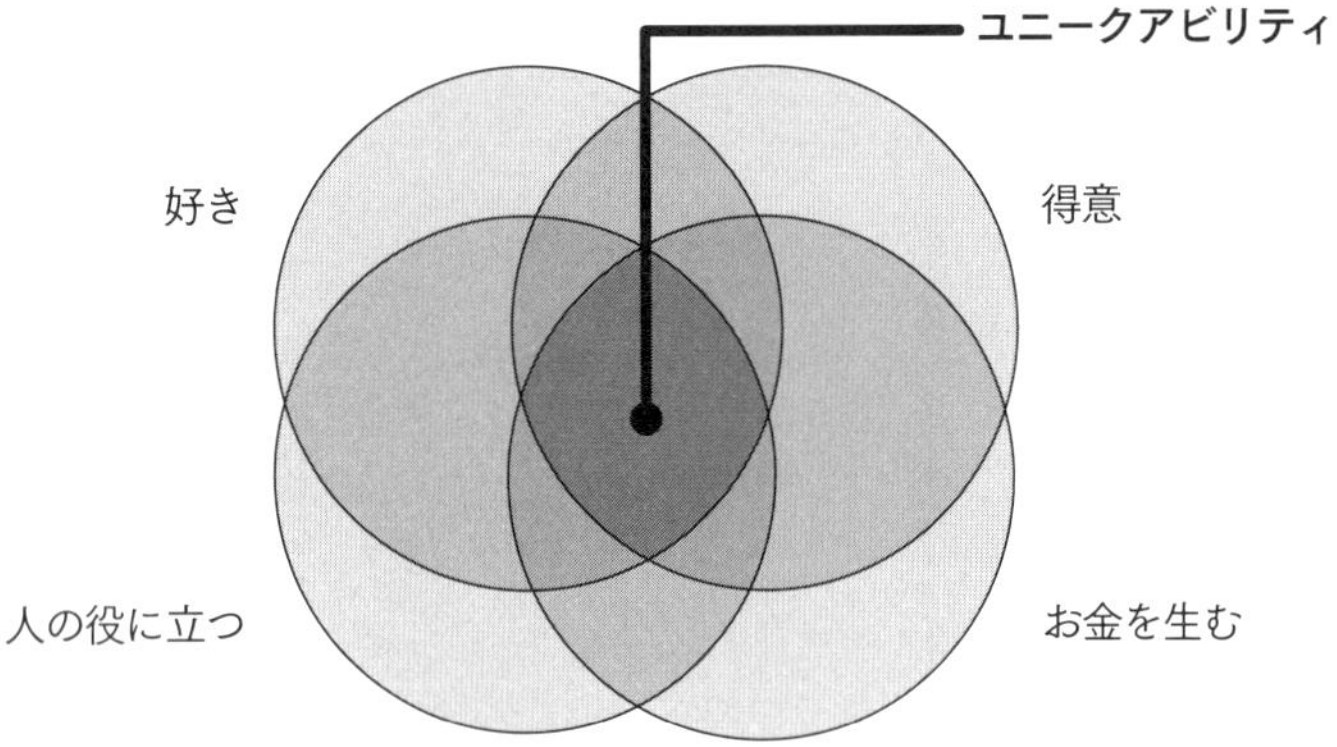

この言葉の通り、自分自身が本来持っているユニークアビリティを活かして、自分が望む人生を実現するという考え方です。

ここで注意すべきポイントは、**ユニークアビリティは「好き」「得意」「人の役に立つ」「お金を生む」これらの４つの条件をすべて満たしていることです。**

たとえば、自分が「好き」ではないことは、「得意」で「人の役に立ち」、かつ「お金を生み出す」としても、情熱を持てないので長く続けていくことはできません。

自分が「得意」なことでなければ、ほかの3つの条件を満たしていても、不得意なことをやり続けると生産性が下がってしまいます。

「人の役に立つ」ことでなければ、ほかの3つの条件を満たしていても、世の中で求められているニーズがないと、ビジネスで大きな成果を出すのが難しくなります。

「お金を生む」という条件が満たされていないと、「好き」で「得意」で「人の役に立つ」ことでも、趣味やボランティアのようになり、ビジネスとして続けていくのが難しくなってしまいます。

だからこそ、自分自身の仕事が「好き」「得意」「人の役に立つ」「お金を生み出す」という4つの条件をすべて満たすことが大切なのです。

ちなみに、ダン・サリヴァン自身のユニークアビリティは、新しいプログラムをつくること、ワークショップの講師をやること、本を書くことや人に教えることです。彼は、これらの仕事を愛しており、幸せを感じると言っています。このうえなく「好き」な仕事をしているので、これからも続けたいと心から望んでいるそうです。

③「どうやるか」以上に「誰とやるか」を重視する

③のステップは、まず「『10倍の目標』を達成するのを助けてくれるのは誰か?」を考えます。

多くの人は目標を達成しようとするとき、課題を乗り越えるときに、「どうやるか」を考えます。自分で何もかもコントロールしたいと思う人や、自分がやったほうが早くうまくやれると考える人も、人に任せるよりも自分で「どうやるか」に集中する傾向があります。

一方、「10x」では「どうやるか」以上に「誰とやるか」を重視します。②のステップで自分のユニークアビリティを自覚したら、自分が「好き」ではなく「得意」でないことは、それを「好き」で「得意」な人は「誰か」を考えます。

なぜなら、自分が「好き」ではなく「得意」でないことは、ほかの誰かのほうがより良い結果を出すことができるからです。そして、その時間で同時に、自分自身は「好き」で「得意」なことに集中して取り組むことができます。

自分とその仕事に関わる人がそれぞれのユニークアビリティを活かして、自分の「好き」と「得意」な分野で「人の役に立つ」仕事に注力できると、人から感謝され、ポジティブなエネルギーも生まれます。

もちろん、ひたすら一生懸命働くことで、今まで以上の成果を出すことはできます。ただし、自分ひとりで長時間働き続けることには限界があります。

1人でできることの限界を超えるために必要な視点やリソース、能力を提供してくれる人は誰かを考え、その誰かと仕事をすることで、自分ひとりでは達成できない大きな目標を達成できるようになるのです。これはリーダーやマネジャーなどのポジションにいる人にかかわらず、どんな人にも有効な考え方です。

④チームをつくって「仕組み化」する

③のステップで「10倍の目標」を達成するために必要なのは「誰」かを考えた後は、その人たちとチームをつくって「仕組み化」します。

「10x」では、1人で「10倍の目標」を達成することは不可能であるという考え方を前提にしています。

ダン・サリヴァンは、自らが創業したストラテジック・コーチ社でともに働く人を「従業員」とは呼ばず、「チームメンバー」と呼びます。

同社では、それぞれのチームメンバーが目的を持ってユニークアビリティを活かして働いています。何も考えずにできる仕事や毎日同じことを繰り返すだけの仕事は求められません。創造性と情熱を持って取り組める仕事が求められます。なぜかというと、そのほうがチームも個人もより成長を加速できるからです。

チームメンバーには、同じ会社の中で一緒に働く人だけでなく、会社の外でプロジェクトに関わる人も入ります。会社の中と外を隔てる枠を超えて、チームメンバーと「10倍の目標」の達成に取り組みます。

そして「10倍の目標」を達成するためのプロジェクトの「ビジョン」を描きます。

その後に重要なのは、「10倍の目標」を達成するというスケールの大きなワクワクする「ビジョン」をチームメンバーに共有することです。なぜなら、「10倍の目標」という1人では困難な目標を達成するには、ユニークアビリティを活かしたチームメンバーの協力が欠かせないからです。

共有する内容は、「10倍の目標」を達成するためのプロジェクトの目的、重要性、理想的な結果、成功の基準などです。

そしてプロジェクトは、あなたがチームメンバーと心からやりたいと思うことであることが大事です。それによってプロジェクトに関わるチームメンバーにあなたのビジョンを明確に伝えることができ、そのビジョンに共感し、「10倍の目標」をチームで達成しようという意欲が湧き起こります。

この段階では、プロジェクトの詳細を共有する必要はありません。また、ビジョンは明確に言語化した1枚のプロジェクトシートを使って共有します（詳しくは後述）。そうすると、チームメンバーがあなたのビジョンを認識のブレなく、ズレなく理解することができます。

ビジョンをチームメンバーに共有した後は、「10倍の目標」を達成する期間と直近1年間に達成する目標とチームメンバーの役割を決めます。


こうしてチームをつくって「誰が」「何を」「どうするか」というレベルまで落とし込んだのが「仕組み化」です。3カ月を1つのサイクルとしたプロジェクトでチームメンバーと目標の達成へ向けて取り組んでいきます。

「10x」では、この「90日間」というサイクルを重視しています。90日間というと3カ月間、四半期にあたり、1年間のうちの4分の1を指します。

「90日間」という時間の単位でプロジェクトに取り組み、振り返りや改善を行うことで、何かしらの手応えを得られます。

チームで「90日間」集中して取り組むことで卓越した結果を出せたり、その成功体験から自信も得られるでしょう。逆に、うまくいかないことがあれば、その点を改善すると、次の90日間で新たな道を切り開くこともできます。

10x

第2章

「10倍の目標」を立てると、これまでの延長線上にはない発想が生まれる

小さなコップ（目標）に注げる水の量は限られている

何が「小さなコップ」をつくり出した？

「10x」による「10倍の目標の立て方」について説明する前に、ちょっと頭の体操のようなものをしてみましょう。

容器に注げる水の量は限られています。バケツにはその容量の分だけ水が入ります。一方、小さなコップに入る水の量もまたしかりです。これは仕事や人生においても同様です。目標にたとえるならば、いくら頑張っても小さなコップに収まる水以上の成果を出すことはできません。それ以上はコップから水があふれてしまいます。

では、何が小さなコップ（目標）をつくり出すのでしょうか？

それは「思考」です。**コップに注ぐことができる水の量は、能力・時間・資源が限られているのではなく、思考が限られているからです。**

もし小さなコップ（目標）ではなく10倍大きなコップを用意したとしたら、そのコップに入れられる水の量（成果）は10倍になります。「10X」の目標設定をすることで、10倍の成果を出せるようになるのは、このコップのたとえからもわかるでしょう。

このたとえ話は当たり前のことと思うかもしれませんが、私自身、身をもって小さなコップを生み出していると感じることがありました。

多くの会社では1年間の目標を設定します。以前は、私は経営者としてこれまでの実績をベースにした延長線上の目標設定をしていました。

つまり、前年の成長が＋10％だったとしたら、今年の目標はさらに＋10％をベースに検討する。それに加えて、今年の市場環境や競合他社の動き、新製品の発売、市場の傾向などの要素も考慮して＋15％に決定する。数字の上下はあっても、大まかにこのような目標設定のやり方をしていました。

私個人も、長い間こうした「今までの延長線上」の目標設定をしてきたので、ダン・サリヴァンが考案した「10倍の目標の立て方」は、まったく考えたこともない未知なる世界でした。

未来から過去を振り返るような視点を持つと思考が変わる

では、どうやって「10倍の目標」を立てるか？

ストラテジック・コーチ社の「10xアンビションプログラム」では、まず「10倍の目標を立てるトレーニング」をします。なぜなら、「10倍の目標を立てる」と言っても、いきなり「10倍の目標」を想像すること自体が難しいからです。

最初にトレーニングを受けたときの私もそうでした。


「そんな大それたこと、自分にできるわけがない」

「10倍の目標なんて、机上の空論になるだけじゃないのか？」

「スケールが大き過ぎて、誰もついてこないんじゃないか」

そう思うのも無理はありません。けれども、「10倍の目標」を立てるときに、こう考えてみてください。

まずは、「できない理由」や「どうやったら10倍の目標を達成できるか」ではなく、**「10倍の目標を達成した未来」を想像してみるのです。**

制限なく、あなたが本当にやりたいこと、望むことで、「10倍の目標」を達成している姿をイメージしましょう。

その想像で、あなたはどこにいて、何をしていますか？　あなたの周りには誰がいますか？　あなたが「10倍の目標」を達成したことで、誰が喜んでいますか？

さらに、次に紹介する、「10倍の目標を立てるトレーニング」をすると、今までの延長線上ではなく、理想の未来から逆算して「10倍の目標」を立てることができるようになります。

「10x」は、「今」ではなく、目標を達成した「未来」に目を向けるトレーニング

伝説のコーチが教えてくれた「10x Mind Expander」という目標の立て方

「10x」による「10倍の目標」を立てる思考法の1つに、「10x Mind Expander」があります。これは、クライアントが「10倍の目標」を達成するためにダン・サリヴァンが考案したコーチングの手法です。

「コーチング」とは、対話を重ねることを通して、クライアントが目標達成に必要なスキルや知識、考え方を備え、行動することを支援するプロセスです。

ストラテジック・コーチ社の「10xアンビションプログラム」では、参加者の話に耳を傾け、観察や質問、時に提案などをして、相手の内面にある答えを引き出す目標達成の手法と

してコーチングが活用されています。

「10x Mind Expander」は、「10倍の目標」を達成するためのマインドセットとも言えます。

最初に、目的を持って自分が達成したい「10倍の目標」の数字を決めます。

「10倍の目標」の立て方自体はとてもシンプルです。前年比＋10％の目標や2倍の目標を立てた場合、これまでの延長線上でよりハードに、より長く仕事をする方法を考えるでしょう。

一方、「10倍の目標」を立てると、よりハードに、より長く仕事をする以外の方法で達成する方法を見つけようとします。その中には、プライベートの時間や人間関係を犠牲にしない方法もあるかもしれません。

つまり、**「10倍の目標」を立てること自体で、視界が劇的に変わるのです。**

次に、その「10倍の目標」を達成した未来を想像します。

そして、未来にいる（と想像している）自分が、過去を振り返るがごとく、質問を現在の自分に問いかけます。

「どのようにして『10倍の目標』を達成したのか？」

「『10倍の目標』を達成したことで、社会にどのような影響を与えたか？」

「過去にすでにやってきた行動以外に、『10倍の目標』を達成するためにどのような行動をしたのか？」

「『10倍の目標』を達成したチームの大きさはどのくらいか？」

「チームに何の仕事を任せたか？」

「人間関係は変わったか？」

「どのような新しいテクノロジーを活用したのか？」

「どのような人脈を得たのか？」


このように「10倍の目標」を達成した未来から過去を振り返ることによって、これまでの延長線上のやり方とは異なる創造的な視点で考えるようになるのです。

脳が想像できないことは実現できません。逆に言うと、**想像できることは実現できます。**もし並外れた結果を出したいのであれば、その並外れた結果をイメージする必要があります。

多くの人は「10倍の目標」について考えたときに、最初は並外れた目標に思考がフリーズしてしまいがちです。だからこそ、「10倍の目標」が実現した未来がイメージできるようになるというのは、すでにマインドセットができているのです。

誰しもが子どもの頃と比べて「10倍を達成した経験」がある

「10倍」というのは、決して大それた目標ではありません。**大人は、誰しもが子どもの頃と比べて、何かしらのことで10倍の結果を達成した経験があります。**

たとえば、子どもの頃に比べて、「語彙力や知識が10倍増えた」「10倍重いものを持てるようになった」「10倍以上の距離を自転車や自動車、電車、飛行機で移動できるようになった」などもそうでしょう。

子どもの頃は、未来に10倍の結果を出すことなど想像できなかったでしょうが、誰しも何かしらで達成していることは事実なのです。

私の場合は小学生の頃に初めて自転車を買ってもらったときに、一気に行動範囲が広がりました。

6段のギアチェンジ、黄色のヘッドライト、お気に入りのモノを入れられるカゴつきの自転車がキラキラと輝いて見えて、飛び上がって喜んだことを今でも覚えています。その自転車で、徒歩では行けなかった場所も縦横無尽に駆け巡りました。

その後、電車や自動車、飛行機でも移動するようになり、10倍以上に行動範囲が広がったことは、あなたも経験しているはずです。

「なぜ１００倍や１０００倍ではなく10倍ですか？」と聞かれることがあります。その答えとしては、おそらく過去に１００倍や１０００倍の成長を実感できる経験がほとんどないため、目標としてとらえにくいからです。

けれども、「10倍」であれば、誰もが過去に10倍を達成した経験があります。過去に10倍を達成した経験は、これからも10倍を達成できる基盤になります。

「10倍の目標」を立てるときに絶対に欠かせないこと

未来思考で「やりたいこと」をやろう

「あなたは今、自分が本当にやりたいことをやっていますか？」

このような質問をされたら、どう答えるでしょうか？　「自分が本当にやりたいこと」よりも「やるべきこと」をしている人のほうが多いのではないでしょうか。

「今日中に、これを終わらせなければならない」

「来週月曜日のプレゼンまでに資料を準備しなくてはいけないから、週末も資料づくりをしないと間に合わない」
「今月中にあの件について、あの人と打ち合わせをする必要がある」
といったように、私も「10x」を身につけるまでは「やるべきこと」の連続の日々を過ごしていました。けれども、「やるべきこと」ばかりに追われる日々を過ごしていると、つらくなってきて、心が疲弊してしまいます。

私たちは過去、現在、未来で構成された時間感覚を持って生きています。どの時間感覚の割合で生きているかは人によって異なりますが、多くの人は過去に基づいた時間感覚で生きています。

年をとるにつれて、これまで自分が学んだり、経験したり、達成したことを過去思考で繰り返すようになります。そして、今までに経験したことのない新しいことをやるよりも、過去の経験をもとに「やるべきこと」をやるようになります。

しかしながら、過去思考よりも、はるかに人生を豊かにする考え方があります。それは**未来思考で、あなたが本当にやりたいことをすること**です。そして、この未来思考で考えるときに大事なことがあります。

「私はやりたいことをやる。なぜならそれをやりたいから」

それ以外の理由はないということです。

じつは、「10倍の目標」を立てるときに絶対に欠かせないのは、この**「自分が本当にやりたいことをやる」**ということです。

過去の私も含め、多くの人が「やるべきこと」の世界に生き、ごく少数の人が「やりたいこと」を追求する世界に生きています。

「やるべきこと」の世界に生きている人は、必要性が満たされたら、それ以上の成長はありませんが、「やりたいこと」を追求する世界に生きている人の成長に終わりはありません。

「10倍の目標」を達成する人に共通するのは、未来思考で自分が本当にやりたいことをやっていることです。

「やるべきこと」と「やりたいこと」の違い

「やるべきこと」と「やりたいこと」には大きな違いがあります。

「やるべきこと」は報酬や罰、必要性といった外部からの要因により行動します。このとき、すべての基準や判断は他者が行います。

一方で、**「やりたいこと」は１００パーセント内的な欲求からきています。そのため、すべての基準と評価は自分で決めるので、自分でコントロールできます。**

「やるべきこと」の世界に生きている人は、欠乏感を埋める世界に生きています。世界には限られたチャンス、お金、時間、地位などがあり、その世界の中で競争してパイを奪わなければならないと考えます。

これに対して、「やりたいこと」の世界に生きている人は、豊かさの世界に生きています。ほかの人と競争するのではなく、「やりたいこと」で自由を追求します。自分自身で自由を実現する能力に制限はないと信じています。

多くの人は無意識のうちに「やるべきこと」が当たり前の世界に生きています。大人になって、社会人として仕事をすると、なおさらです。

実際に仕事をしていて「やりたいこと」だけではなく「やるべきこと」もやらないと仕事が納期までに終わらないといったこともあると思います。

それに「やるべきこと」が何もなされないままでいたら、それは仕事として成り立たないですよね。私も最初は同じ考えを持っていたのでよくわかります（「やりたいこと」をどう優先して取り組むかは、この後、詳しく解説していきます）。

かつての私は、日々の仕事が「やるべきこと」だらけでした。１日の仕事はメールチェックから始まり、届いたメールにできるだけ速く返信することが私の最初の「やるべきこと」でした。

メールの内容確認と返信に多くの時間を費やし、そのほかにも、締め切りのある資料作成、見積書や注文書、請求書の作成や内容確認、契約書のレビュー、販売データの集計など、１日の大半の仕事が「やるべきこと」だったと言っても過言ではありません。「やるべきこと」が多過ぎるストレスで、いつもイライラしていました。

あなたも最初は、「未来思考でやりたいことをやろう！」と言ってもピンとこないかもしれません。それはまるで、水槽に住んでいる魚に「水の外の世界に行きたいと思う？」と聞いても、水槽の中に住んでいるのが当たり前なので、質問の意味を理解できないようなものです。

けれども、じつはあなたも私も「やりたいこと」の世界に生きていたときがあります。それは、子どもだったときです。

私は岩手県の自然豊かな場所で生まれ育ち、子どもの頃は、好奇心のままに外へ虫を捕まえに行ったり、それまで行ったことのない場所へ、まるで冒険するかのように友だちと出かけたりするのが好きでした。そのときはシンプルに「やりたい」と思うことだけをしていて、それ以外の理由はありませんでした。

そして大人になった今も、経営に携わっている医療分野の会社の仕事で「やりたいこと」ができています。まるで冒険するかのようにチームメンバーと海外の展示会や取引先に訪れ、最先端の医療機器を見つけることを宝探しのように楽しんでいます。

あなたが子どものときに好きだったことは何ですか？

「やるべきこと」から「やりたいこと」の世界へシフトするためのきっかけの1つになるアクションとしておすすめなのは、子どもの頃に好きだったことを思い出し、そのマインドを今の自分とつなげていくことです。

10 現状を打破する目標を立てるために知っておいてほしいこと

「現状に戻そうとする力」の働き

あなたは、次のようなことに身に覚えはありますか？

・遅刻しそうになったけれどギリギリ間に合った。そのときは「ああ危なかった！　次はもっと余裕を持つべく気をつけよう」と思うが5分後には忘れている

・ふだんは7時に起きているけれども、早起きで人生が変わる内容の本を読んで「この人、朝5時に起きているんだ。自分も5時起きにしよう！」と思って翌朝から5時に起きよう

と意気込んだけれども、３日坊主で終わってしまう

・今年こそは、今までの１年とは違う飛躍の年にしようと、年の始めに１年の目標を立てたけれども、いつの間にか忘れている

これらはすべて、**元に戻そうという「コンフォートゾーンの力」が働いています。**「コンフォート」は英語で「快適な」、ゾーンは「範囲」という意味です。「コンフォートゾーン」とは、「そのままでいたい」「現状のままがいい」と安心して行動できる範囲のことです。これは人間が命を守るために備わっている機能でもあります。

たとえば、暑い砂漠で気温が50度くらいのところに行ったときに、私たちの体温がふだんだったら36度くらいに保っているのが、急に体温も50度になったら生きていけません。反対に、氷点下のところに行ったときに、同じく私たちの体温が氷点下になってしまうと生きていけません。でも、そうならないように人間は命を守るために一定の体温に保つという機能が備わっています。

コンフォートゾーンの外側に外れると、内側に戻そうとする機能が働きます。この機能を「ホメオスタシス（生体恒常性）」と言います。ケガが治るのもホメオスタシスの機能です。

そのくらい強い力が、じつは体だけでなく心にも働きます。**コンフォートゾーンは、人が「変わりたい」と思ったときにはブレーキになってしまいます。**

じつは私自身も「10x」を取り入れようとしたときに、ホメオスタシスが働きました。トロントでの「10xアンビションプログラム」の講義を受けて日本に帰国した後、「10倍の目標を達成するんだ！」と、これまでの延長線上ではない方法でユニークアビリティを発揮してチームで大きな成果を出そうと意気揚々と取り組み始めたときのことです。

東京のオフィスに戻って仕事をしているうちに、「そもそも10倍の目標を達成するなんて大それたことをしなくてもいいんじゃないか」「今まで通り、仕事をしていれば波風も立たないし、10倍の目標を目指すなんて言ったら、面倒なことになるんじゃないか……」という気持ちになってしまいました。つまり、コンフォートゾーンの力が働きそうになったのです。

当時の私もそうだったように、周りで仕事をしている人の大半が現在の延長線上で仕事をすることがコンフォートゾーンであるため、そうなってしまうのは自然なことでもあると言えます。

変わりたいと思ったとしても、人というのは大なり小なり変わりたくないという機能が発動してコンフォートゾーンの慣れ親しんだ元の環境や価値観に戻ってしまうからです。

現状を打破するために「コンフォートゾーン」を動かす

では、どうすればいいか？　その答えは、**現状にとどまろうとするコンフォートゾーンを未来に自分が設定した目標へとずらすことです。**

そうすることでコンフォートゾーンへの揺り戻しを防ぎ、今まで現状に戻ろうとしていたのが、自分が本当に行きたい目標にモチベーションが働くようになります。

いわば、「10倍の目標」を達成するために、いきなりモチベーションを上げようとするのではなく、コンフォートゾーンを動かすのです。

人はコンフォートゾーンを2つ持つことができないので、目標設定をしたときに、コンフォートゾーンがどっちにいくか、現状の範囲内か、現状の範囲外のゴールかというと、よりあなたがリアルに想像できる臨場感の高いところにコンフォートゾーンをシフトします。

たとえば、ダイエットをするために「体重を10キログラム減らす」といった数値目標をゴールとするときに、やせた後に想像できる新しいライフスタイルをイメージします。

素敵な洋服を着て街を颯爽《さっそう》と歩いたり、新しい出会いがあったりするなどのイメージができるとゴールの世界の解像度が上がり、その臨場感が高まると、脳はそのゴール側の世界こそが本当のコンフォートゾーンと判断します。

そうすると、今の状態のほうが居心地が悪くなり、自然と行動が変わり、リバウンドすることもなくなります。「10倍の目標」も同様に、達成したときのイメージとともに、心地良さを脳に焼きつけるのです。

私は「10倍の目標」の1つとして、経営に携わっている医療分野の会社の製品開発に関わる事業の「売上を10倍にする」という目標を立てました。

それまで7年間ほど前年比をベースにした現状維持が続いていて売上が5000万円規模だった事業を、思いきって10倍の5億円を達成すると決めたのです。

このとき、「できない理由」についてはいったんどこかに置き、「10x Mind Expander」の目標の立て方に基づいて「10倍の目標」を達成した未来を想像しました。

そうやってコンフォートゾーンをシフトして、それまでの延長線上で開発を続けるのではなく、医療機器という枠を超えて売上が10倍になる可能性がある技術や製品に特化した開発をする方向性を見出すことができました。結果、売上も10倍になったのです（売上が10倍以上になった具体的な事例として第6章で紹介します）。

「10x」を身につけるために手放す9つのこと

「10倍の目標」へ向けてのチャレンジで不安を感じるのは自然なこと

「本当に自分にできるのだろうか？」

「10x」を学んで実践し始めたばかりの段階では、先述したように元の状態に戻ろうとするコンフォートゾーンの力が働きます。**今までにない新しいチャレンジをしているため、不安を感じるのは自然なことです。**

私も同じくコンフォートゾーンへの揺り戻しが起こりそうになったときの心境です。

「10倍の目標を達成する未来を目指すよりも、今まで通りのやり方をしたほうが楽だし、確実性も高いんじゃないか」

そのような気持ちが日に日に大きくなってしまいました。一方で、「10x」に基づいた4つのステップを通して「10倍の目標」を実現するのは、自分やチームメンバーにとっても、顧客や取引先にとっても、より良い選択肢だということも感じていました。

また、「10x」に基づいて「10倍の目標」を達成してきた人たちと直に接して、自分もできるようになりたいという希望を抱いていました。

不安とは、未来に抱く恐怖。
希望とは、未来に抱く期待。

どちらも、今現在ではなく、未来を思って起こる感情です。

こうした不安と希望が入り混じりながら「10倍の目標」を実現する4つのステップにチャレンジしているときに役立ったのが、これもストラテジック・コーチ社で学んだ「10xを身につけるために手放す９つのこと」です。

より大きな理想の未来を実現するために手放す９つのこと

ここまでみてきたように、**「10ｘ」を実践するというのは、今までの考え方を手放すことでもあります。**

「10倍の目標」を達成すべく、あなたのユニークアビリティに特化して、チームと協力するというのは、あなたがこれまで続けてきたやり方とは大きく異なるかもしれません。

しかし、今までの延長線上の未来ではなく、より大きな理想の未来を実現するために、勇気を持って過去に続けてきたやり方や考え方を手放してください。次は、「手放す９つのこと」です。

1 これまでの延長線上で考えること

2 そこそこの成長で満足する基準

3 10倍の未来の成長を否定する考え方

4 成長に否定的な人間関係

5 そろそろ落ち着こうという考え方
6 自分の成功や失敗の責任の所在は他人にあるという考え方
7 10倍の成果は1人でできるという考え方
8 大きな未来を実現するには恐れや不安が伴い、勇気が必要になるので、勇気を必要としない大きな未来を望む考え方
9 返さなければならないという考え方（「10x」のような指数関数的な成長のプロセスは何かを相手から奪うことではなく、お互い与え合い、成長し続けるWIN‐WINの関係である）

「10x」を身につけ、実践する過程で、あなたも不安や恐れを感じるかもしれませんが、勇気を持ってこれらのことを手放してください。

ダン・サリヴァンのストラテジック・コーチ社自体も、9つのことを手放した結果、これまで3回、「10倍の目標」を達成しています。

現在のストラテジック・コーチ社の新しい講座の1日のワークショップの売上は、設立して2年目の年間売上より大きいそうです。

ストラテジック・コーチ社は以前からワークショップを開催していて、今も開催していま

すが、「10x」によって何が変わったかというと、ユニークアビリティに特化して、チームワークとテクノロジーを取り入れたことです。

ダン・サリヴァンは現在79歳ですが、「95歳になってもワークショップの講師をやる」と断言しています。そして彼は40年以上、ワークショップの講師をしていて、この仕事を愛していて、ユニークアビリティに特化した仕事以外の仕事をすることは考えられないとも言っています。

「10x」によって指数関数的に成長しながら、同時に持続可能な働き方も実現できるのです。

「10倍の目標を達成するための発想」を手に入れる質問

「10倍の目標」を達成するための発想

「10倍の目標」を設定しようとする際、これまでの延長線上で長くハードに働くのではなく、今までやったことがないクリエイティブな方法を考えることをお伝えしてきました。と言っても、そのようなクリエイティブな方法をまったくのゼロから考えるのは簡単なことではないので、ここでは「10倍の目標」を達成するための発想を手に入れる質問を紹介します。

「『10倍の目標』を達成するには、どのような新しいテクノロジーを活用できるか？」

新しいテクノロジーを活用することが、それまでの延長線上ではなく「10倍の目標」を達成するきっかけになるかもしれません。GoogleのアプリやChatGPTのような生成ＡＩなど、うまく使いこなせれば10倍以上の生産性を発揮するテクノロジーが次々と生まれています。こうした新しいテクノロジーは大きな目標達成を支援します。

「『10倍の目標』を達成するには、どのようなコラボレーションができるか？」

大きな成果を得るために、協力関係やパートナーシップを築いて、シナジーを生み出すことができます。これは個人単位においても、会社単位においても同様です。

個人であれば、目標を達成するために、自分が「好き」で「得意」でないことは、それを「好き」で「得意」な人はいないか？　その人にチームに加わってもらい、任せることができないかを考えます。

会社では、社内のプロジェクトを「好き」で「得意」な人が集まったチームで構成したり、社内にそのような人がいなければ、採用したり、外注することも考えます。自社の得意分野と他社の得意分野を掛け合わせたコラボレーションをしてシナジー効果を生み出します。

「『10倍の目標』を達成するには、どんな仕組みを構築するか？」

１人で「10倍の目標」を達成することは至難の業です。「チーム」という単位で取り組むからこそ、「10倍の目標」を達成することが可能になります。

チームメンバーの役割と責任範囲を明確にしたり、業務のマニュアルをつくって、そのつど人が教えるよりも生産性が向上する仕組みにしたり、人に頼らず誰もが同じ成果を出すためのチェックシートを活用したり、デジタルツールなどを用いて業務を自動化します。

「『10倍の目標』を達成するには、どのような成功事例があるか？」

この質問は、あなたが今までにやったことのないアイデアや方法を見つけ出すために役立ちます。インターネットで記事や動画を検索したり、文献や書籍を読んでリサーチをしたり、その分野に精通している人にアドバイスを仰いだりします。

異業種での成功事例を探したり、同じ分野でも地域の異なる場所や国での成功事例を見つけたりして、うまくいった成功事例がないか調べてみてください。ゼロベースで自分独自のやり方でやるよりも成功する確率を高めます。

「『10倍の目標』を達成するには、どのような課題があるか？」

これまでの質問が成功例に学ぶ「着眼法」の質問なのに対し、この質問は「足りないのは何か？」「なぜうまくいかないのか？」と考える「苦情法（欠点を探し、そこを改善することを考える方法)」です。

「着眼法」と「苦情法」は「ヒット率100パーセント」の指導の第一人者、伊吹卓氏が提唱したアイデア創出法です。「着眼法」と「苦情法」で出てくる答えは異なるので、より大きな結果を得られる方法を選んでください。

「『10倍の目標』を達成するには、どのような市場や顧客のニーズに応えたらいいか?」

変化のスピードの速い世界で、この質問も「10倍の目標」を達成するために役立ちます。世の中の流れによって、市場や顧客のニーズも変わります。

ほかにも「10倍の目標」を達成するための発想を得る質問はありますが、とくに効果の高い質問を選びました。

これらの質問は、あなたの思考を刺激し、新たなアイデアや視点を引き出します。質問を自分自身に問いかけながら、クリエイティブな解決策や革新的なアプローチを見つけることで、「10倍の目標」を達成できる可能性が高まります。

「10倍の目標」を達成するための期間は？

「恐れ」を感じるのは10倍の目標よりも締め切りの期間

「10倍の目標」を設定するにあたり、「『10倍の目標』を達成するための期間はどのように設定したらいいですか？」とよく聞かれます。この質問に答えるには、「10X」の考え方への切り替え自体が必要なので、その切り替え方もお伝えします。

「10Xアンビションプログラム」に初めて参加した人は、「10倍の目標」を設定するときに「恐れ」を感じるそうです。私も感じました。なぜなら、**「10倍の目標」を達成するのが不可能のように思えた**からです。

私の場合、それまで仕事に対して「目標を達成したか」それとも「達成しなかったか」のどちらかで成果を評価してきたことが、とりわけ「恐れ」を感じる原因でした。

このような感覚だったため、前年から成長していたとしても、目標を達成したら成功、達成できなかったら失敗と思い込んでいました。

たとえば、仮に前年比1・5倍で成長したとしても、10倍という目標を達成できない可能性が高くなったら失敗するんじゃないかという「恐れ」を感じてしまいます。

しかしながら、「10x」を身につけた今は、本当の意味で重要なのは、そのような基準での目標の達成・未達成ではなく、「成長率」だととらえています。

「10倍の目標」を目指し、たとえ1年の成果では未達であっても、1年の成長率が前年よりも上回っていたとしたら、それは失敗と言えるのでしょうか。いわば、**「10倍の目標」を達成するためのプロセスを大事にする**のです。

そして、ダン・サリヴァンからは**「達成するのが不可能な目標はなく、あるのは達成するのが不可能な締め切りである」**とも教わりました。

「10倍の目標」を達成しようと考える際、締め切りを同時に考えてはいないでしょうか？　そう、恐れを感じるのは「10倍の目標」ではなく、**「締め切り（期限）」**に対してなのです。

もし、あなたが「10倍の目標」を達成するのに、たとえば25年間の期間があったとしたらどうでしょう。それでもまだ達成不可能な目標でしょうか？　それとも、「10倍の目標」を達成するのに十分な期間でしょうか？　15年ではどうでしょうか？　その場合、25年とした場合と比べて10年間の期間が異なります。

仮に25年という期間で考えることで、「10倍の目標を達成するのは不可能だ。なぜなら、それを達成するのに十分な時間がないから」と考えていたのが、**これだけ十分な時間があるなら達成できる**という考えに切り替わるのです。

この視点の切り替えにより、「10倍の目標」はあなただけでなく、あなたのチームメンバーにとっても現実的に達成可能な目標になります。

あなたもチームメンバーも10倍長くハードに働くことは不可能でも、25年という期間で「10倍の目標」を達成すると考えると、あなたやチームメンバーのユニークアビリティを活かして目標達成へ向けて進んでいくことは可能なのです。

もちろん、多くの人は25年先の未来まで考える必要はないと考えます。なぜなら、そんな先の未来に何が起きているかわからないし、今の目標を達成するのに25年という長い期間を必要としないと思うからです。

しかし、25年間という軸を据えることで、ほとんどのことは「時間がない」という言い訳ができなくなります。

今日から25年間の時間軸で、あなたの事業や会社が25年目に最大化する軌道で成長するとイメージしてみてください。その成長軌道のカーブで、あなたの事業や会社が「10倍の目標」を達成するのはどの時点になりますか？

その時点が「10倍の目標」を達成する締め切りになります。そして、そのポイントを決めることで、あなたの脳が、より速く、より簡単に「10倍の目標」を達成するための方法を見つけ出そうとします。25年という時間軸で考えることで、次のような4つの視点の切り替えを促します。

1 時間というプレッシャーから解放される

十分な時間がないときは誰もがプレッシャーや不安を感じます。25年という時間軸で考えると、目標を達成するために十分な時間があることから、プレッシャーや不安から解放されて、自信を持って目標の達成へ向けて行動できるようになります。

2 目標の達成に注力できる

25年という時間軸があることで、目標の達成にじっくりと注力できるようになります。日々の行動を積み重ねて、進捗が進み、成長している実感を持てるようになります。周りの人との関係性や、大きな目標を達成するというコミットメントに価値を感じ、意義あるものになります。

3 少ない労力で大きな成果を達成できるようになる

時間のプレッシャーや不安を感じることなく、ユニークアビリティを活かしたチームメンバーと同じ目標へ向けて取り組むと、少ない労力で大きな成果を達成できるようになります。チーム全員が成長し、楽しみながら仕事に取り組めます。

4 より野心的になる

「野心的であること」は絶え間なく成長できる人間の能力の1つです。25年という時間軸で考えることにより、「時間が足りないからできないかもしれない」という心の制限が外れます。モチベーションが高まり、エネルギー高くチームメンバーを鼓舞して、目標に向かって取り組むようになります。

「10x」に基づく考え方は、長くハードに働いたり、短い期間で無理を押したりして「10倍の目標」の達成を目指すものではありません。チームでクリエイティブな解決策や革新的なアプローチによって「10倍の目標」を達成できる適切な期間を設定します。

そして種明かしをすると、実際には、「10倍の目標」を達成するのに必ずしも25年を必要とするわけではなく、たとえば目標によっては5年、3年、1年といった期間で「10倍の目標」をより速く、より簡単に達成することが可能になります。

つまり、ここで「25年」という時間軸を設定したのは、あくまで仮の期間であり、ただ「時間」という、できない理由はなくなったはずです。心のブレーキは、このような設定ひとつで一気に外れるのです。

「10倍の目標」を達成する期間は、自らが設定します。1年後、3年後、5年後など、期間は人それぞれです。その期間を設定してから、その目標を達成するための計画を立てます。

「4つのC」のサイクルを回せ

「10x」のブレイクスルーの起こし方

ダン・サリヴァンは「10xアンビションプログラム」の中で、ブレイクスルーを起こすためのサイクルとして次の4つのCから**「4Cの公式」**と呼んでいます。

1. Commitment（決意）
2. Courage（勇気）
3. Capability（能力）
4. Confidence（自信）

4Cの公式

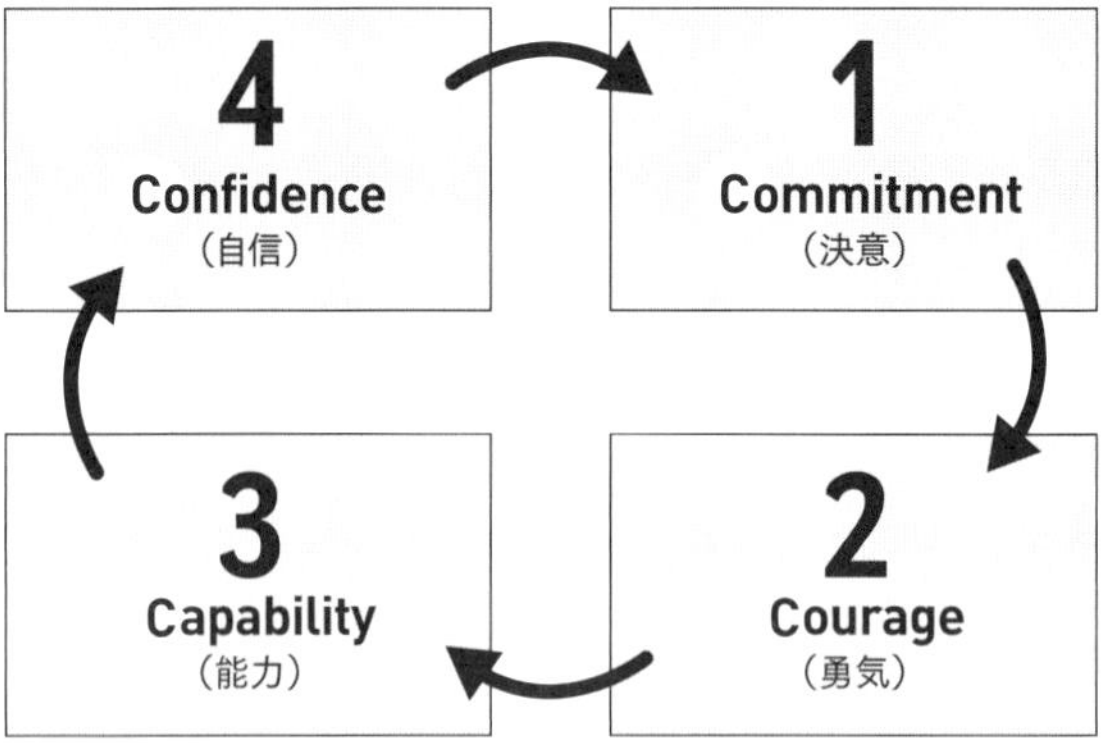

この順番でそれぞれのステージを進み、ブレイクスルーを起こします。

人は何か新しいことに挑戦するときに、まず**「決意」**をします。「決意」は「4Cの公式」でも最も重要な最初のステージです。

「10倍の目標」を達成する決意には、その目標を達成したいという強い思いと明確な意志を必要とします。自分がそれを達成できるかどうかわからなくても、「10x」は「決意」することから始まります。

大きな目標を達成しようと決意したとき、私たちは恐れと不安も感じます。恐れを克服するには、**「勇気」**が必要です。決意したことを先延ばしにしようという誘惑に駆られそうになったとき、ここで大事なのは、決意した目標を達成するために「勇気」を持って挑戦することです。

先延ばしをする人は、恐れや不安を感じて行動ができず止まってしまいますが、「勇気」のある人は、恐れと不安を感じても行動を起こして前へ進もうとします。

「勇気」を持って挑戦することで、人は失敗や成功体験を積み重ねながら、その学びをもとにブレイクスルーを起こします。それまで持っていたコンフォートゾーンの外側に出てチャレンジしていくと、新しい**「能力」**を身につけられます。

そして、「能力」を身につけた人は**「自信」**を得られます。「４つのＣ」のステージを進むプロセスで、より高い「能力」によって「自信」を手にするようになるのです。

この「４つのＣ」は時計回りに循環するかたちになっており、４つ目のＣの「自信」のステージに進んだ後は、新たなビッグチャレンジへ向けて「決意」をします。

このように「10ｘ」の「４つのＣ」のサイクルを循環していくことで、より大きく、より良い未来を実現できるようになるのです。

Think Big, Start Small（志は大きく、スタートは小さく）

大きな目標を持ちつつも、小さなステップから始める

「Think Big, Start Small（志は大きく、スタートは小さく）」は、Googleがイノベーションを起こすための指針としている基本姿勢の1つです。

このGoogleの「志は大きく、スタートは小さく」という考え方は、製品の完成度を高めてから初めてリリースするよりも、ベータ版で早くリリースし、ユーザーからフィードバックをもらい製品をより良くする、というふうに実践されています。

綿密な計画を立てることに注力し過ぎるよりも、まずは実行し、フィードバックや成果から学ぶ。そのスピードと改善プロセスを重視するという考え方です。

スタートは小さく始めると、早い段階で起こる小さな失敗から学ぶことができ、学びを次に活かすことができます。

大きな目標を持ちつつ、小さなステップから始めるというアプローチの考え方は「10Ｘ」とも共通しています。

10倍の成果を上げるためには、まず小さなステップから始める。小さくやってみたことがうまくいけば、「10倍の目標」を達成するといったスケールアップに成功する可能性を見極められます。

ただし、大きな目標に取り組むとき、自ら決めたとは言え、その目標の大きさに圧倒され、何から始めればいいかとなってしまいがちです。

私が医療分野の会社の開発の事業で「10倍の目標」を立てたときも、最初は「売上を５０００万円から5億円の10倍にするには、いったいどうすればいいんだ……」と圧倒された気持ちになりました。事業に関わるチームメンバーからも「何から取りかかればいいのか……」という、とまどいの声もあがりました。

しかし、小さなステップを踏むことで、私たちは着実に進歩を感じ、やる気を高めることができます。私も医療分野の会社の事業では、それまで製品開発していた市場ではなく、売上が10倍になる可能性がある技術や製品を開発できる市場をリサーチするという小さなステップから始めました。

たとえば、「営業の売上を10倍にする」という目標も、まずモチベーションを高めるべく自己啓発の本を1冊読むことから始めることで、新しい学びを得て、一歩を踏み出すことができます。その後は、営業に関連するセミナーを受講したり、実践してみたりすることでも、その1つひとつが大きな成果を生み出すことにつながるのです。

ほかにも、毎日15分間スキルを学ぶ、アイデアのメモをとるというようなちょっとしたことでも、私たちは日々の進歩を実感し、自己成長の喜びを味わうことができます。

小さなステップを積み重ねることで得られた結果により自己成長を促進し、自信を築いていきます。その積み重ねが、やがて大きな成果となるのです。

「10x」＝「グロース・マインドセット×イノベーション・シンキング」

ここまで本書を読み進めてきた人の中には、すでに察している人もいるかもしれませんが、**「10x」は「グロース・マインドセット × イノベーション・シンキング」の意図と効能が重なります。**

「グロース・マインドセット」とは、スタンフォード大学心理学教授のキャロル・ドゥエック氏が提唱した、「自分が持っている能力や才能は、経験や努力によって向上できる」という考え方です。「イノベーション・シンキング」とは、文字通り「革新的思考」です。

「グロース・マインドセット」を備えている人は、失敗を恐れずに挑戦し、他人の評価に一喜一憂せず、自己成長と学びを継続できるとされています。

「グロース・マインドセット」を持つ人は、挑戦を肯定的にとらえられます。挑戦を喜んで受け入れて、積極的に挑戦していく傾向があります。

また、挑戦するなかで課題にぶつかったときは、多角的な視点で課題に向き合うため、斬新な解決方法やアイデアを生み出すことができます。そして、努力の積み重ねによって能力が上がると思っているため、努力に伴う苦痛や疲労も乗り越えようとします。

実際に、人は「グロース・マインドセット」を持つ人と持っていない人の2通りに分かれます。「グロース・マインドセット」を持つ人の対極にあるのは、「フィックスト（固定化された）・マインドセット」を持つ人とも言われ、「人の能力は固定的で努力しても変わらない」という考え方です。

「フィックスト・マインドセット」を持った人は、失敗を恐れて挑戦や難題を避ける傾向にあり、失敗したときには周囲のせいにして自己反省しないため、成長の機会を失ってしまいます。

本書を読んでいるあなたは「グロース・マインドセット」を持っているはずです。「10倍の目標」を達成しようとするとき、そのステップでは、1人ではなくチームで目標に取り組むことになりますが、チームメンバーも「グロース・マインドセット」を持った人が適しています。

「グロース・マインドセット」を持ったチームメンバーとクリエイティブな方法でイノベーションを起こし、大きな目標を達成することで世の中に貢献する。このように、私たちが大きな目標を達成するためには、思考の柔軟な転換が必要です。

私が携わっている医療分野の事業でも、それまでは「前年比+10%」というような目標の設定の仕方でした。しかし、「10倍の目標」を達成すると考えることで、根本から事業を見直したり、今までにない技術の開発に着手したりするなど、思考の転換が起こりました。

しかも、「10倍の目標」を実現するには、藁《わら》をもつかむような方法ではなく、「10x」の4

つのステップに沿って、１人ではなくチームで、小さな行動を積み重ねていくというのは、マインドの面からも非常に合理的だと感じました。

「Think Big, Start Small」の考え方を取り入れ、一歩ずつ前進しながら、私たちは自分の可能性を最大限に引き出し、大きな未来を実現することができます。「Think Big, Start Small」を実践し、今日から小さな一歩を踏み出し、大きな目標に向かって進んでいきましょう。

10x

第３章

「好き」「得意」「人の役に立つ」「お金を生む」という4条件に特化する

「やりたくないこと」「不得意なこと」を我慢しながら成果は出ますか？

あなたは「やりたくないこと」や「不得意なこと」の仕事の割合はどのくらいですか？

あなたがふだんしている仕事の中で、「やりたくないこと」や「不得意なこと」の仕事の割合はどのくらいですか？

もし、「やりたくないこと」や「不得意なこと」の割合が半分以上を占めるとしたら、仕事の内容を見直したほうが良いでしょう。

「10倍の目標」を達成する2つ目のステップは、「好き」「得意」「人の役に立つ」「お金を生む」に特化する、です。「好き」「得意」の反対である「やりたくないこと」「不得意なこと」

を我慢しながら、大きな成果を出し続けることはできません。

私自身もストラテジック・コーチ社の「10xアンビションプログラム」を受講したときに、ふだん行っている仕事の中で「やりたくないこと」や「不得意なこと」の仕事の割合を把握するペアワークをしました。

結果、「やりたくないこと」や「不得意なこと」の仕事の割合が半分以上あったのです。私とペアを組んだ相手に、「もっとユニークアビリティの仕事の割合を増やしたほうがいい」と真剣な顔で言われました。

一方、ペアワークで私と組んだ相手は「やりたくないこと」や「不得意なこと」をまったくしていませんでした。彼は10倍の成果を出しながら自分の裁量で自由な時間を持ち、仕事もプライベートも充実した日々を過ごしているとのことでした。

このワークを通して気づいたのは、ふだんの仕事で、自分が「やりたくないこと」や「不得意なこと」を思っていた以上にやっていたということです。

たとえば、私にとって販売データの集計は、自分が「好き」ではないけれども、経験を積んでほかの人より「得意」にすべき仕事として、やり続けていました。

しかし、販売データの集計は、自分にとって「好き」な仕事ではないので、この仕事をすると疲れてしまい、エネルギーの高い状態で続けていくことができません。

販売データの集計の仕事を「好き」で「得意」なユニークアビリティのあるチームメンバーに任せたら、自分はもっと生産性の高い仕事に時間を使うことができ、エネルギーを高く保ちつつ、より大きな成果を出すことができます。

そして、販売データの集計の仕事を任せられたチームメンバーは、私より速くデータの集計をし、さらに新しいツールを使って分析と報告まで創意工夫しながら行い、より質の高い成果物を生み出すことができます。

ビジネスをしている人は、人生の多くの時間を仕事に費やしています。

その時間で「やりたくないこと」や「不得意なこと」を我慢しながら続けるのか、それとも、「好き」で「得意」なことをエネルギー高く行うのかには大きな違いが生まれます。

「そんなこと言ったって、仕事なんだから『やりたくないこと』や『不得意なこと』もやらなくてはならないでしょ」

「やりたくないことはやらずに、好きなことだけやるなんて、そんな都合のいいわけにはいかない」
「不得意なことは努力して乗り越えるのが一人前の社会人なんじゃないか」

こんなふうに考える人も多いと思います。けれども、「やりたくないこと」や「不得意なこと」を我慢しながらやり続けなければならないという考え方は、モチベーションだけでなく生産性という点からも、効率も効果も低いと言わざるを得ません。

まずは「やりたくないこと」や「不得意なこと」を減らすことから

まずはふだんあなたが行っている仕事の中で、「やりたくないこと」や「不得意なこと」を減らして、自分が「好き」で「得意」なことを増やしてください。

その過程で、あなたが「やりたくないこと」や「不得意なこと」を任せられるユニークアビリティを持ったチームメンバーを探すことが次のステップになります。

最初は自分のユニークアビリティを明確にし、次にチームメンバーのユニークアビリティを把握して、それぞれがユニークアビリティを活かせるかたちを目指します。

とくに起業家や経営者、会社のリーダーが、いつまでも自分が「やりたくないこと」や「不得意なこと」をし続けていると、チームメンバーもそれを（悪い）お手本として「やりたくないこと」や「不得意なこと」を我慢してやり続けてしまいます。

そのため、**自らが率先して、「やりたくないこと」や「不得意なこと」を減らして、それらを「好き」で「得意」な人に任せてください。**

このやり方をすぐに仕事に取り入れるのは難しいと感じるとしたら、手軽に試せる方法があります。たとえば、同居しているご家族やパートナーと、それぞれの「好き」と「得意」を活かして家事や家に関わる仕事を分担します。もし誰もが「やりたくないこと」や「不得意なこと」とする仕事があれば、外注できないかも検討してみてください。

きっと、そんな身近なことからも、あなたが「やりたくないこと」や「不得意なこと」について、「好き」で「得意」な人が行う生産性の高さに気づくことでしょう。

最も生産性が上がるのは「好き」で「得意」な仕事

「好き」と「得意」は違う

ユニークアビリティとは、先述したように「好き」「得意」「人の役に立つ」「お金を生む」これら4つの条件をすべて満たしていることでした。

ユニークアビリティについて説明するときに、「『好き』と『得意』は同じようなものではないのですか？」と聞かれることがあるのですが、違います。

取り組んでいて喜びや充実感を得られるのが「好き」なこと。「好き」ではなくても、上手にできることが「得意」なことです。

自分が「好き」ではないけれど「得意」なこともありますし、自分が「好き」だけれども

「不得意」なこともあるはずです。

私の場合、販売データの集計は「好き」ではありませんが「得意」なことなので、苦手な人よりも効率よくできます。一方、私にとって外国語を学んだり、話したりすることは「好き」ですが「得意」というわけではなく、「得意」な人に任せたほうがより質の高い仕事ができます。

「好きな仕事だったら、やり続ければ得意な仕事になるんじゃないか？」という考え方も一理ありますが、相応の時間を要します。

「10ｘ」では「どうやるか」以上に「誰とやるか」を重視して、自分が不得意なことは得意な人に任せたほうが、より速く、より大きな結果を出すことができると考えます。

「好き」と「得意」は異なると説明しましたが、つまるところ重要なポイントは、**自分が「好き」で「得意」な仕事に注力することが最も生産性が上がる**ということです。「10ｘ」の働き方では、「好き」と「得意」の両方を満たす仕事に注力してください。

そして、自分が「好き」ではないことや「不得意」なことは減らして、それが「好き」で「得意」なチームメンバーに任せてください。「10ｘ」ではテクノロジーを活用することで、自分が「好き」ではない仕事や「不得意」な仕事を自動化の仕組みを使って、システムやA

Ｉに任せて仕事を減らすこともできます。

「好き」と「得意」を活かして「10倍の目標」を達成した事例

「10x」に基づく考え方では、**人を採用することは「費用（人件費）」ではなく、「投資」とみなします。**人の採用は、自分の自由な時間を増やし、ユニークアビリティをを活かした仕事をして成果を得るための投資なのです。

「チームメンバー」を未来の投資としてみなすことができるマインドセットを持つと、自分もチームメンバーも「好き」で「得意」なことに注力していき、これまでの延長線上ではない大きな成果を得られるようになります。

ここで私が「10xアンビションプログラム」に参加したときに聞いた、「好き」と「得意」を活かして「10倍の目標」を達成した事例を紹介します。

ストラテジック・コーチ社のクライアントで靴用品の製造メーカーの経営者ケビンは、営業がユニークアビリティで会社の業績は良かったのですが、いつも忙しい日々を過ごしていました。

なぜなら、ケビンはユニークアビリティである営業だけでなく、「好き」でも「得意」でもない仕事もしていたからです。たとえば、ケビンは会社の経営を承継した父から毎年取引先の会社へ直筆で手紙を書くことを引き継いでいましたが、それは彼のユニークアビリティを活かせる仕事ではありませんでした。

そこで、「10x」に基づく考え方で、ケビンの「好き」でも「得意」でもない事務の仕事を任せられる秘書を雇うことにしました。週に20時間、彼の代わりに事務的な仕事をしてくれる秘書を雇うことで、営業に注力できると考えたからです。

秘書を雇うには、月に30万円の人件費がかかりましたが、秘書を採用した結果、ケビンは自分が「好き」でも「得意」でもない仕事を秘書に任せられるようになりました。

秘書に取引先の会社へ直筆で手紙を書くことやケビンのEメールを扱う権限を与えることによって、彼は多くの時間を得ることができました。その結果、より営業に注力することができ、月に300万円の利益を生み出せるようになったのです。

この事例は、秘書を雇うというのがまさに「10倍の目標」を達成するための投資の1つだったことを表しています。

「10x」を学ぶ前は、ケビンにとって秘書を雇うのは投資ではなく経費であり、毎月の経費がかかることに不安があったそうです。

しかし、「チームメンバー」をまず未来の投資としてみなすマインドセットを持ち、秘書を採用することで、10倍のブレイクスルーを起こすことができたのです。

日本では、まだまだ「やりたくない」仕事や「不得意」な仕事を我慢してやっている人が多いと思います。私はアメリカで仕事をしていた経験があり、日本に比べて、自分の「好き」と「得意」を活かした仕事ができる社会であるように感じました。

ただし日本でも、生産性が高い会社は、その会社にいる人たちのユニークアビリティを活かせる体制が整っています。少なくとも、「好き」ではなくて「不得意」なことで生産性高く仕事を続けられた人を見たことはありません。

同じ仕事でも、取り組む人によって生産性が大きく変わるとしたら、その仕事に最適な人がするのがベストな選択ではないでしょうか。

ビジネスは「人の役に立たない」「お金を生まない」ことでは売上にならない

「好き」と「得意」に加えて「人の役に立つ」「お金を生む」条件を備えていますか？

ここまで最も生産性が上がるのは「好き」で「得意」な仕事であることをお伝えしてきました。

「好き」なことは、言い換えると「価値観」です。価値観とは、自分が価値を感じることであり、自分が価値を感じることをやっていると、心の底から満足感を覚えてエネルギー高くやり続けることができます。

「得意」なことは、言い換えると生まれながらに与えられている「才能」や磨かれた「センス」のことで、先天的に得意な場合と後天的に得意になる場合があります。

遺伝による身長、骨格、筋力などの身体のつくりにより先天的に身体能力が高い場合もあれば、遊びや運動をすることで後天的に運動能力が伸びる場合もあります。たとえば数学、音楽などは、持ち前のセンスに加えて取り組めば取り組むほど得意となる人もいるでしょう。

「好き」なことと「得意」なことが掛け合わさると、情熱を持って続けられ、質の高いアウトプットができるようになります。

ただし、たとえ自分が「好き」で「得意」な仕事を明確にして、その割合を増やしたとしても、「人の役に立つこと」でなかったら人から喜ばれることがなく、「お金を生む」ことでなかったら売上や利益を生み出せず、ビジネスとして成果を得られません。

情熱があっても「人の役に立つ」ことや「お金を生む」ことでなければ、仕事ではなく趣味になりますし、ビジネスにしていくことはできず、だからこそ、ユニークアビリティの4つの条件の残り2つは「人の役に立つ」と「お金を生む」なのです。

趣味としてやっていく場合には自分の情熱の赴くままに取り組んでいけばいいのですが、ビジネスとして10倍の成果を得るために特化する仕事は「好き」と「得意」に加えて、「人の役に立つ」と「お金を生む」という条件を満たす必要があるのです（ちなみに、「好き」で「得意」で「人の役に立つ」けれども、「お金を生む」の条件を満たさない場合でも、ボランティアやNPO、NGOの活動として、本書の「10x」に基づいた働き方で10倍の成果を出すことは可能です）。

ユニークアビリティを見つける順番

自分のユニークアビリティを見つける順番としては、先に「好き」で「得意」なことを明確にしてから、それが「人の役に立つ」ことや「お金を生む」ことにあてはまるかどうかを見つけるのが良いでしょう。

なぜかというと、先に「人の役に立つ」ことや「お金を生む」ことが見つかっても、自分が「好き」で「得意」なことでなければ、情熱を持って続けていくことができないからです。

たとえば、「好き」なことであれば、

「時間を忘れて夢中になってしまうことは？」

「何をしているときに幸せを感じる？」

「もし制限なく何でもできるとしたら、何がしたい？」

といった質問を自分に問いかけてみてください。

「得意」なことについては、
「周りからよく褒められることは？」
「時間をかけずにできてしまうことは？」
「これまで周りの人に対して、（自分はできることだからこそ）『なんで、こんなこともできないんだろう』と思ったことは？」

といったように、日頃、自分が当たり前だと思っていることの中に「得意」なことが隠れている場合もあります。

「人の役に立つ」ことをすると、人から感謝されて、幸福度が高まります。自分が「好き」で「得意」なことで仕事ができ、そのうえで「人の役に立つ」ことができれば、その仕事にやりがいを感じられます。

自分が「好き」で「得意」なことを明らかにし、「人の役に立てることか？」や「社会で求められていることか？」「世の中のニーズがあるか？」といった質問を自分に問いかけてみてください。

そして「好き」で「得意」で「人の役に立つ」ことであれば、それは「お金を生む」ことである可能性は高いです。しかも実際に、それを仕事としてやっている人がいれば、「お金を生む」ニーズのある仕事なので、あなたのユニークアビリティになります。

自分がこれら４つの条件を満たすものを仕事としていくときには、それに関する知識やスキルを身につけると、さらにユニークアビリティを伸ばしていくことができます。

チーム全員が「好き」「得意」「人の役に立つ」「お金を生む」に特化できたら、10倍の成果を出せる

10x

多くの会社や組織ではユニークアビリティを活かした仕事ができていない

私たちは人生のかなりの時間を仕事に費やすにもかかわらず、多くの会社や組織では、そこで働く人たちが「好き」「得意」「人の役に立つ」「お金を生む」というユニークアビリティの4つの条件を満たす仕事ができていません。

あなたはいかがですか？　あなたの周りの人たちはどうでしょうか？　仕事において本当に充実感や成果を感じているでしょうか？　好きではないことや苦手なことを我慢してやってはいないでしょうか？

ビジネスにおいて、それぞれのチームメンバーが「好き」「得意」「人の役に立つ」「お金を生む」という4つの条件を満たす仕事に特化することで、個人の情熱と才能を最大限に活かし、ほかのチームメンバーとの連携を通じてシナジー効果を生み出します。

まず、「好き」な仕事に従事することは、モチベーションと情熱を高める源泉となります。心からやりがいを感じ、楽しみながら仕事に取り組むことで、創造性や革新的なアイデアが生まれます。

「得意」な仕事に特化することは、個人のスキルや才能を最大限に活かすチャンスです。得意なことに集中すると、個々の専門性が高まり、成果や品質の向上につながります。

「人の役に立つ」仕事に従事するというのは、社会的な意義や価値を追求することを意味します。自身の行動や貢献がいろいろな人の人生や社会全体にポジティブな影響を与えることで、個人の満足感と組織の評価が向上します。

「お金を生む」仕事に取り組むことは、ビジネスの継続や成長に不可欠です。経済的な側面で成果を生み出すことで、チームや組織の達成感にもつながります。

しかし実際には、多くの会社や組織では、この理想的な状態にはほど遠い現状がみられます。多くの人々が自分の仕事に満足しておらず、やりがいや成果を感じることができていないのです。

ユニークアビリティは発揮できる場があってこそ

友人のHさんは大手IT企業の営業管理職として働いており、「長い時間を費やして仕事に取り組んでいるにもかかわらず、自分が好きで得意な仕事に取り組めていないことから、最近ではモチベーションの低下やストレスを感じるようになった」と話していました。

Hさんは、今の仕事が本当に自分に合っているのか疑問に思っていました。もっと自分に合った仕事に取り組むことで、より充実感を感じられるのではないかと悩んでいました。

そこで、私はHさんにダン・サリヴァンの「10x」とユニークアビリティの概念を紹介しました。それらは「それぞれのチームメンバーが自分自身の情熱や才能に基づいた仕事に特化し、個人の成果と組織の成長を最大化することを目指すものである」と話したところ、Hさんは興味津々にその考え方を聞いていました。

それから、Hさんが職場でふだんどういった仕事をしているかを詳しく聞くと、もともと人とのコミュニケーションを得意とし、営業での結果も素晴らしかったのですが、管理職に昇進すると同時に数字面での管理が増え、これが新たな試練となったことがわかりました。

最初は数字での作業が苦手意識を生み、それによってモチベーションが低下。Hさんは自分の強みを活かせていないことに不満を感じ、ストレスが溜まっていったそうです。

Ｈさんは私との会話をきっかけに、職場内で自分のユニークアビリティを発揮すべく、顧客やメンバーとコミュニケーションを持つ時間を増やす試みをしました。

こうした活動が自分の力を発揮してモチベーションを高めるものであると再確認したものの、Ｈさんが勤めている会社では営業の管理職は数字での分析と報告を毎月求められ、メンバーにサポートを頼める状況にもなく、得意でないことに時間をかけなければならない状況が続きました。

このため、Ｈさんは自分自身のユニークアビリティを発揮できる職場でのキャリアを再検討することにしました。

その後、Ｈさんは転職活動を通じて自分の強みが最大限に活かせる環境を見つけました。同じＩＴ分野のベンチャー企業の新しい職場では営業のマネジャーとなり、得意とする営業スキルやコミュニケーションを発揮することができるとともに、数値管理に秀でたメンバーのサポートも受けられるようになったのです。このサポートがＨさんの不得手な部分を補完し、本来の強みを最大限に発揮できるようになりました。

Ｈさんは自分自身のユニークアビリティを活かして、仕事に充実感を見出すことができ、結果的にはメンバーとの協力も円滑に進むようになりました。今では仕事に充実感と喜びを感じ、周囲との連携もスムーズになったそうです。新しい会社でのHさんのメンバーも同様に、それぞれが自分のポテンシャルを最大限に引き出して仕事ができる環境にあるとのことです。

Hさんの事例のように、自分のユニークアビリティを活かせていない職場であれば、ユニークアビリティを活かせる職場に転職することも1つの選択肢です。

転職ではなくとも、今の会社で自分のユニークアビリティを発揮できる部署への異動を希望したり、今の職場で自分のユニークアビリティを活かせる仕事の割合を増やしたり、そうでない仕事をほかのメンバーに任せたり、外注したり、自動化することも選択肢になります。自分のユニークアビリティを活かして起業や副業をするといったことも考えられます。

ユニークアビリティを活かした仕事ができていない場合、どうすればいいか？

世の中の多くの会社や組織で、チームメンバーが本来のポテンシャルを発揮できる環境が整っていないことは、私は大きな課題ととらえています。

原因の1つは、自分が本当に「好き」「得意」「人の役に立つ」「お金を生む」という条件に合う仕事に特化できるようなサポート体制が職場に不足しているからです。

この課題に向き合うには、まずチームメンバーが自身のユニークアビリティを見つけ、リーダーはそれに適した仕事に特化できる環境を整えることです。

そのためにも、**会社や組織のリーダーには、チームメンバーについて理解し、情熱や才能を引き出し、「好き」「得意」「人の役に立つ」「お金を生む」仕事に集中できるような柔軟な環境をつくり出すことが求められています。**

チームメンバーそれぞれのユニークアビリティを最大限に活かして、モチベーションを高めながら生産性が向上し、チームで連携することで組織全体の成果につなげる。そうやって大きな目標へ向かって取り組むことで、結果として10倍の成果を生み出せるのです。

「やりたくないこと」や「不得意なこと」を減らしてユニークアビリティに特化する方法

現状の仕事の内容を把握して改善する「ABCモデル」

ここまでチームメンバー全員が「好き」「得意」「人の役に立つ」「お金を生む」仕事に特化することの意義をお伝えしてきましたが、ここからはどうやってその状態にするかです。

ストラテジック・コーチ社の**「ABCモデル」**と呼ばれる、ユニークアビリティに特化してブレイクスルーを起こすための思考プロセスをもとに説明します。「ABCモデル」は、次のように日々の仕事を感情の側面でABCの3つの種類にシンプルに区別します。

Aの仕事：イライラしてしまうやりたくない仕事

Bの仕事：進んでやりたいとは思わないけれども、やればできる仕事
Cの仕事：ユニークアビリティを活かして、やりがいや情熱を持ってワクワクしながら取り組める仕事

理想的には、Cの仕事が100パーセントになるようにすることです。そうするために、**最初に、あなたが仕事に費やす時間のうち、ABCのそれぞれの仕事にどれくらいの時間をかけているかを把握します。**この現状の時間の割合を知ることが最初の一歩になります。

自分のABCの割合を把握する方法は、平均的な1週間に仕事をする時間の合計からABCそれぞれの仕事をする時間の割合を計算することです。

たとえば、平均的な1週間に仕事をする時間の合計が50時間で、Aの仕事を35時間しているのであれば、Aの仕事の割合は70%になります。

ストラテジック・コーチ社の調べでは、「10xアンビションプログラム」に参加したばかりの人の平均はAの仕事が70パーセント、Bの仕事が25パーセント、Cの仕事が5パーセントだそうです。私の場合は、「10xアンビションプログラム」に参加する前までは、Aの仕事が30パーセント、Bの仕事が50パーセント、Cの仕事が20パーセントでした。あなたやチームメンバーの割合はどうでしょうか？

ABCモデル

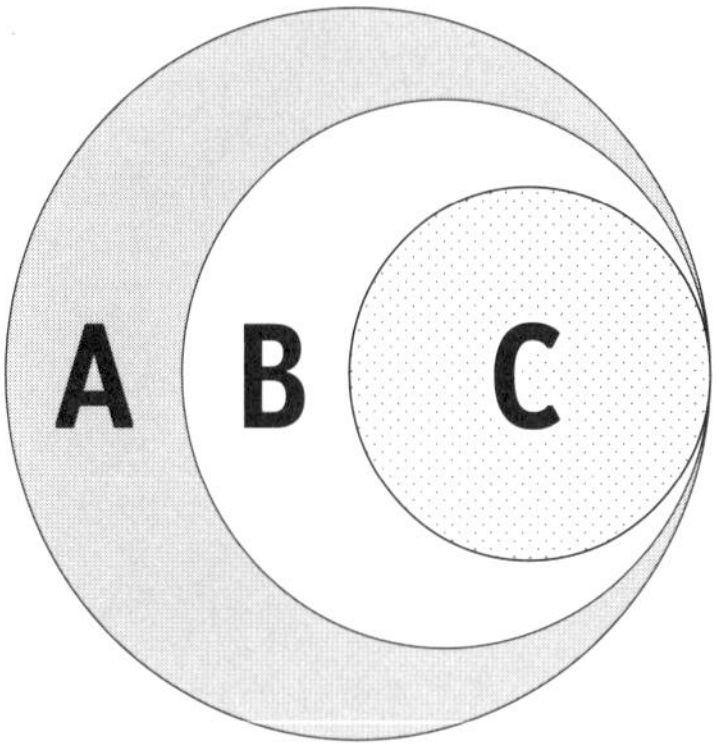

私のように「AやBの仕事の割合が多く、Cの割合が一番少なかった」というと落ち込む方もいるかもしれませんが、安心してください。**AやBの仕事の割合が多いのは、それだけ改善して成長できるチャンスがあるということです。**

まずは改善のアクションとして、Aの仕事をどうやって減らせるかを考えます。

多くの場合、Aの仕事は、これまでの習慣によって続けています。また、やらなくてもあまり影響がないケースもあります。やらなくてもいい仕事、生産性の低い仕事はしないことを検討してみるのです。

どうしても誰かがやる必要がある仕事については、それをユニークアビリティとする人に任せる、外注する、自動化する方法を考え、あなたがAの仕事をまったくやらないようにすることを目指してください。

自動化については、システムやITツール、AI、ロボットなどのテクノロジーの力を使って、Aの仕事を代替できるかどうかも検討してみます。


Bの「進んでやりたいとは思わないけれども、やればできる仕事」は、好きではないけれども得意な仕事もあてはまります。

私にとっての販売データの集計のように、好きではないけれども得意な仕事であるBの仕事は、続けることができても、ワクワクしながら情熱を持って取り組める仕事ではありません。そのため、Bの仕事もなくすようにしたほうがいいでしょう。


順番としては、最初にAの仕事をできるだけやらないようにすることに取り組みます。次の段階としては、Bの仕事も、どうやってやらないようにするかを考え、Bの仕事をユニークアビリティとする人に任せる、外注する、自動化するといったかたちで、将来的にやらないようにすることを目指してください。

この「ABCモデル」の仕事の割合の見直しと改善のプロセスは90日ごとに行います（詳しくは、この章の「ポジティブ・パワーアップ」の項を参照）。ABCそれぞれの仕事の割合を書き出し、その割合を改善するためのアイデアとそれを実践するための具体的なアクション、アクションの期限、実践すると得られることを書き出してください。

「ABC」の仕事の割合を変えてブレイクスルーを起こそう

ところで、「4つのC」について覚えていますでしょうか？「ABCモデル」の実践にあたり、最初にCの仕事に注力するという「Commitment（決意）」をして、今までやったことのない仕事のやり方に「Courage（勇気）」を持って挑戦する。そうすることでAとBの仕事を減らしてCの仕事に注力できる「Capability（能力）」が身につき、結果として、Confidence（自信）が備わります。

「ABCモデル」の仕事の見直しと改善は、これまでの延長線上にある仕事を変えることになるため、不安や恐れを感じるプロセスになりますが、「4つのC」の順番でブレイクスルーを起こしてください。

あなたやチームメンバーがAとBの仕事を減らして、Cのユニークアビリティに特化した仕事に注力できるようになると、チーム全体のエネルギーや生産性が劇的に変わります。

私自身、ストラテジック・コーチ社のオフィスで「10xアンビションプログラム」を受講したときに、ダン・サリヴァンやストラテジック・コーチ社のチームメンバーの仕事ぶりを見たり接したりして、チームメンバー全員がCの仕事に注力できるのが理想的な状態だと確信しました。

「ABCモデル」の観点で世の中を見ると、まだまだ多くの会社や組織で働く人のAやBの仕事の割合が大きいのではないかと思います。

私が経営に携わっている会社でも、さらなる改善の余地があり、チームメンバー全員がCの仕事に注力できるように取り組んでいます。

ただ、チームメンバーの中には、任せた仕事がCではなくAやBにあたる仕事だったようで、そうしたチームメンバーがユニークアビリティを活かした仕事ができなかったということもありました。

こうした経験を通して、仕事を任せる立場にあるリーダーはチームメンバーとコミュニケーションをとることやチームメンバーのユニークアビリティをしっかりと見極めることが大切だと痛感しました。

私も試行錯誤しながらではありますが、チームでやりがいと情熱を持って仕事に取り組み10倍の成果を出せる可能性を高めています。

ユニークアビリティに特化した「仕事の割り振り方」

仕事を割り振る5つのステップ

「ABCモデル」の仕事の割合を改善していくうえで効果的なアクションの1つが、ユニークアビリティに特化したチームメンバーに仕事を割り振ることです。

次は、ユニークアビリティに特化した仕事を割り振る5つのステップです。

1 その仕事にユニークアビリティを有する適切な人は？

あなたにとっての「ABCモデル」のAやBの仕事を割り振る人は、その仕事に対してユニークアビリティを持っている人を選んでください。適切な人に任せることが「10x」の重要なポイントです。

2 あなたが得たい結果を明確にする

仕事を割り振る人が決まったら、あなたが求めている成果を明確にして、仕事を割り振る相手とよく話し合ってください。

3 時間軸を決定する

仕事を任せるのに現実的な時間軸を設定します。プロジェクトもしくはアクションが完了する日を決定していきます。

4 チームメンバーのアクションを決定する権限のレベルを決定する

仕事を任せるチームメンバーに、自身のアクションを決定する権限がどれだけのレベルにあるかを明確に伝えます。新たにチームメンバーを採用して割り振る場合には、ポジションや目的・内容・責任・権限・求められるスキル・技能・資格などを明確にしておくと良いでしょう。

5 進捗状況をトラッキングし、サポートする

仕事を任せるチームメンバーからの報告や面談の機会を定期的に設定して、プロジェクトやアクションが完了するまでの進捗状況をトラッキング（追跡・分析）します。この過程を通して、必要に応じてアドバイスやサポートをします。

実際に仕事を割り振る事例として、私にとっては「好きではないけれども得意な仕事」である販売データの集計では、次のステップで仕事を依頼しました。

1 その仕事にユニークアビリティを有する適切な人は？

販売データの集計は、私にとって「ＡＢＣモデル」のＢの「進んでやりたいとは思わないけれども、やればできる仕事」でした。そこで、「販売データの集計をユニークアビリティに持つ人は誰か？」を考えたところ、営業担当者の中に、そうした販売データの集計を好きで得意とするＴさんがいました。過去に販売データの集計の仕事を担当していた実績もあり、割り振ることにしました。

2 あなたが得たい結果を明確にする

営業担当者のTさんと個別で話し合い、私が行っていた販売データの集計業務の内容を共有し、この仕事をすべてTさんに任せることに合意してもらいました。

③ 時間軸を決定する

営業担当者のTさんに販売データの集計を任せるまでの期間を3カ月に設定して、その期間中に毎月開催する営業会議で発表する販売データの集計を行ってもらうことにしました。

④ チームメンバーのアクションを決定する権限のレベルを決定する

営業担当者のTさんに販売データの集計をするためのシステムを使用する権限を付与し、Tさんのパソコンで販売データの集計用のシステムを使用できるようにしました。Tさんの職務記述書には、販売データの集計を業務内容として追加しました。

⑤ 進捗状況をトラッキングし、サポートする

この仕事を割り振るまでの3カ月の期間を通して、毎月開催する営業会議の前にTさんと進捗状況を確認するための個別の打ち合わせの場を設けました。

1回目の営業会議のときは、Tさんと一緒に販売データの集計業務を行い、問題なくできたので、2回目はTさんだけで行ってもらい、私は集計結果の確認と修正をし、修正内容についてアドバイスをしました。3回目には集計結果の確認をして、修正の必要はありませんでした。

こうして3カ月間で販売データの集計の業務をすべてTさんにお願いすることができました。4回目の営業会議からは、私が事前に集計結果を確認することなく、Tさんが営業会議で発表しました。

Tさんは販売データの集計のツールの活用や分析にも長けているため、私より短い時間で集計し、営業会議では私ではできなかった分析結果を示し、販売活動をより効果的に改善できるようになりました。

営業担当のTさんが販売データの集計を行うようになってから、営業部のメンバー間で情報共有や意見交換が活発になりました。Tさんがユニークアビリティを活かして販売データの集計や分析ができることは、将来的にマネジャーへ昇進するときに考慮される要素にもなります。

そして、私はBの仕事である販売データの集計をTさんに担当してもらった分、ユニークアビリティに特化したCの「経営」に関する仕事に、より注力できるようになりました。

仕事を割り振る4つのレベル

仕事を割り振る際に意識しておきたい4つのレベルがあります。

レベル1：アクションの前に、そのアクションの調査や評価、報告を行う
レベル2：基本的に仕事を任せて、定期的に報告を行ってもらう
レベル3：大部分を任せ、最終的な報告のみを行ってもらう
レベル4：すべてを任せて、報告の必要はない

ユニークアビリティに特化した「仕事の割り振り方の5つのステップ」を通して、レベル1からレベル4へ権限委譲のレベルを引き上げていきます。

効果的に仕事を割り振るにあたり、次のポイントも押さえておいてください。

・レベル1では、あなたにとって重要度の高いことを中心に定期的に報告してもらう。そうすると、あなたにとって重要な仕事を任せたことをチームメンバーが理解し、注意を払う

ことができる

・仕事を割り振った人が、あなたの心を読んで動くことを期待してはいけない。そのため、あなたが求めている結果を明確にして、仕事を割り振る相手とよく話し合う

・ちょっとした細かい仕事を依頼するのに罪悪感を持ってはいけない

・どれくらいの時間と労力を仕事に任せる人に投資するかを明確にし、あなたの期待を仕事を割り振る人に伝える

・仕事をこなせるようになるのに要する時間を過小評価しない。必ずしもあなたが思っているほど、割り振る仕事を速くできるようになるわけではない

・仕事を割り振る人が必要とすることをサポートする。それによって、仕事を割り振られた人が、よりあなたの時間や労力を減らすサポートができる

・マイクロマネジメントをしない（細かく口を出し過ぎない）

・あなたのユニークアビリティに特化した仕事は任せない

・あなたが仕事を任せる人やチームの能力を過小評価しない

・せっかちにならない。仕事を任せる人の学びと成長をサポートして、見守る

これらのポイントを踏まえて、ユニークアビリティに特化した人に仕事を割り振ることができれば、あなたのチームが10倍の成果を出せる可能性がさらに高まります。

そして、あなたとチームメンバーがそれぞれのユニークアビリティに特化した仕事ができると、チームの生産性が劇的に高まるだけでなく、チーム全員がやりがいと情熱を持ってエネルギー高く主体的に仕事ができるようになっていくからです。

90日ごとに行う「ポジティブ・パワーアップ」

10x

「10x式ポジティブ・パワーアップ」で自信を高める

「ＡＢＣモデル」で仕事を見直し、改善のプロセスを振り返り、その内容や進捗を検討する時間の単位も90日とします。

大きな目標を1日では達成できませんが、90日だと、3カ月間というまとまった期間として、短過ぎず、長過ぎずに進捗を振り返ることができます。

90日間で、目標の達成へ向けてどこまで進んでいるかを確認したり、直面している課題を認識したり、それを乗り越えるための方法を検討したりすることもできるでしょう。

新しいことにチャレンジするとき、「90日」という時間の単位で必ずしも劇的に変わるわけではありませんが、何かしらの手応えを得られます。**90日間、1つのテーマに集中して取り組むと、成功や失敗を問わず経験から、学びや気づきを得ることができます。**

たとえば、私が医療分野の会社で携わった90日間の検査システムの製品改善プロジェクトでは、最初の30日は顧客の声に耳を傾けるための市場調査に時間を費やしました。残りの60日で製品の改善に注力しました。

そうして1つのテーマに集中して取り組み、学びや気づきをプロジェクトにフィードバックしていったことで、これまでにない検査システムの製品の改善につながっていきました。

ストラテジック・コーチ社には、この90日という期間ごとでの振り返りと次のチャレンジについて考え、自信を高める「ポジティブ・パワーアップ」という方法があります。「10xアンビションプログラム」は90日ごとにワークショップが開催されたこともあり、毎回この「ポジティブ・パワーアップ」のワークを実施しました。

「ポジティブ・パワーアップ」のワークでは、1枚の紙に「プライベート」「仕事」「チーム」の3つのカテゴリーで過去90日間を振り返りながら、達成したことを書き出します。

この振り返りをすると、自分やチームが過去90日間に思っていた以上に多くのことを経験し、達成できたことに気づけます。

次に、それぞれのカテゴリーで達成したことの右隣に、「なぜそれが重要か？（重要性）」を書き出します。それによって、「プライベート」「仕事」「チーム」のそれぞれにおいて達成したことが、なぜ自分や家族、チームにとって重要であるか再認識できます。

最後に、重要性を書き出した右隣に、これからの90日間でさらなる飛躍をするためのアクションを考え、書き出します。新しいチャレンジのアクションを書くのも良いでしょう。過去の90日間でうまくいかなかったことに対する改善のアクションも良いと思います。全体としては3×3の9マスに書き出すかたちになり、すべてのマスに書けたら完了です。

この**「ポジティブ・パワーアップ」を90日ごとに行うと、自分やチームが経験したことや達成したことの多さに気づき、「プライベート」「仕事」「チーム」の3つの観点で進展があったことも認識でき、自信が高まります。**

また、次の90日間の新たなチャレンジを書き出すことで、その名の通りポジティブに取り組むパワーが湧いてきます。90日間ごとに「ポジティブ・パワーアップ」を行うと、勢いや前に進んでいる手応えを自覚できるようにもなります。

ポジティブ・パワーアップの例

名前：（あなたの名前）　　　　　　　　日付：（今日の日付）

	経験／達成したこと	重要性	次のアクション
プライベート	・家族と夕食をほとんど毎日一緒に食べて楽しい時間を過ごすことができた。	・子どもたちが中学生になり、親と一緒に過ごす時間が少なくなってきたなかで、親子でコミュニケーションをとることができた。	・休日に家族と温泉旅行に出かけ、ゆっくり過ごし、色鮮やかな紅葉を楽しむ。
仕事	・新しいウェブサイトを作成し、会社のブランディングを再構築することができた。	・再構築した会社のブランディングが会社のカルチャーを表すことができる。 ・対象とする顧客が会社の情報にアクセスできる新しい経路になる。	・ウェブサイトにブログを付加価値として追加する。ブログでは、対象の顧客の悩みの解決につながり、価値を感じてもらえる発信をする。
チーム	・中途入社したKさんに営業部の管理の仕事を任せることができた。その結果、営業部の実績が+40%アップした。	・営業部のメンバーの管理は自分のユニークアビリティーではない。好きでも得意でもないことに時間を使うよりも、ユニークアビリティであるマーケティング活動に注力する。	・営業の管理はKさんに任せ、イベント企画や広告出稿、コンテンツ発信などのマーケティング活動を行う。

「10x式ポジティブ・パワーアップ」の使い方

「10xアンビションプログラム」のすべてのワークショップが終わってからも、私はこの「ポジティブ・パワーアップ」を実践し続けています。「プライベート」「仕事」「チーム」の3つの観点で振り返ると次のステップが明確になり、自信を高めながらポジティブなエネルギーを高い状態で維持できています。

あなたも、ぜひこの「ポジティブ・パワーアップ」を90日ごとに行ってみてください。できれば、自分ひとりではなく、チームメンバーと一緒に90日ごとに「ポジティブ・パワーアップ」をすることをおすすめします。

「ポジティブ・パワーアップ」のワークをするときには、あなたとチームメンバーが「好き」「得意」「人の役に立つ」「お金を生む」という4条件に特化して仕事をしているかもチェックしてください。

そうして、あなただけでなく、あなたのチームのメンバーも、仕事の手応えを感じられる90日という時間単位で進捗を確認すると同時に、大きな目標へ向けて前に進んでいる感覚を共有することができます。

大事なことなので何度も繰り返しますが、あなたが１人で10倍の成果を出すことはできません。

「10Ｘ」に基づいて「10倍の目標」を達成すべく、①「10倍の目標」を立て、②「好き」「得意」「人の役に立つ」「お金を生む」という４条件に特化し、③「どうやるか」以上に「誰とやるか」を重視して、④チームをつくって「仕組み化」する４つのステップを進んでいくにあたり、チームとメンバーとの連携は不可欠です。

ただ私自身、「チームメンバーとの連携は不可欠」であることは頭ではわかっていても、それまでの「自分ひとりでやり遂げなければならない」「自分がやったほうがラクかもしれない」といった、考え方に戻りそうなことがありました。

だからこそ、こうした長年染みついた考え方をあらためていくためにも「ポジティブ・パワーアップ」は効果的なのです。なぜなら、「ポジティブ・パワーアップ」を行うことで、チームとの連携を見つめ直すきっかけになるからです。

「ポジティブ・パワーアップ」を定期的に行うと、あなたとチームメンバーの絆も深まり、「10倍の目標」を達成する４つのステップの言わばエネルギーチャージにもなります。

第4章

10x

ビジネスは「どうやるか」以上に「誰とやるか」

未達で終わる人は「どうやるか」を、10倍の成果を出す人は「誰とやるか」を考える

「10倍の目標」を達成するスピードを劇的に速める方法

「10倍の目標」を達成するスピードを劇的に速める方法があります。その方法とは、「どうやるか」の考え方から**「誰とやるか」**の考え方にシフトすることです。

多くの人は目標を達成しようとするときや課題を乗り越えようとするときに、まず「どうやるか」を考えます。自分が「好き」ではないこと、「得意」ではないことは、自分で「どうやるか」を考えるよりも、「誰とやるか」を考えたほうが、自分でやるよりも劇的に速く、質の高い仕事ができます。

たとえば、パソコンやＩＴ関連のことが「好き」でも「得意」でもない人が、会社のウェブサイトをつくるときに、まずインターネットを検索して調べたり、本を読んで勉強したり、ウェブサイトを作成する講座に通ったりするかもしれません。しかし、それらは、「10x」の観点で最適な行動ではありません。

もし、このやり方でウェブサイトが完成したとしても、多くの時間や労力がかかり、プロが制作する場合と比較して質が見劣るなど、結果としてコストパフォーマンスやタイムパフォーマンスが低いアウトプットになってしまいます。

「10x」で重視する「誰とやるか」では、まず「ウェブサイトをつくることを助けてくれるのは誰か？」を考えます。ウェブサイトをつくることがユニークアビリティである「誰か」を見つけられると、自分でやるよりも比較にならないくらい速く、目的にかなう質の高いウェブサイトをつくることができます。

「ウェブサイトをつくることを助けてくれるのは誰か？」を考えた場合、プロのウェブデザイナーに外注する、社内のデザイナーに依頼する、ウェブサイトをつくるのが好きで得意な同僚や友人に相談するなど、いくつかの選択肢があると思います。それらを踏まえて「誰が自分に代わってこの目標を達成できるか？」を考えてみてください。

この観点で考えると、いくつか選択肢のある中で「誰」が適しているかを絞ることができます。また、ウェブサイトをつくるという目標には予算もあると思いますので、その予算の範囲内で選択肢を検討し、最も効果の高い「誰か」を選んでいきます。

「どうやるか」を考えることで失うもの

自分が「好き」でも、「得意」でもないことだと、時間がかかるだけではなく、先延ばしにしたまま未達で終わってしまうケースもあります。

というのも、じつはさきほどの会社のウェブサイトをつくる例は私の話です。当初はウェブサイトのつくり方を調べたり学んだりして、自分でつくろうとしたものの、先延ばしにしてしまった結果、未達に終わってしまいました。

また、私は自身で運営するコーチングの事業のYouTubeによる動画の編集についても、最初に「どうやるか」を考えて自分でやろうとしました。

動画編集の講座に通ったり、専用のツールを購入したりして、お金をかけましたが、結局、プロの動画編集者に任せるほうが比較にならないくらい短い時間で質の高い動画になるのを痛感しました。

振り返ると、自分で「どうやるか」にこだわらずに、初めから「誰が私に代わってこの目標を達成できるか？」を考えていれば、時間も労力もお金も失うことはなかったと思います。

「どうやるか」に固執した場合、失うことはほかにもあります。それは「自信」です。

自信とは、目標を達成できるという自分の能力を信じることです。しかし、自分が「好き」ではなく「得意」ではないことを頑張ってやり続けたけれど、先延ばしにしたり、未達で終わったりすると、目標達成が遠ざかるため、自信を失います。

さらに、先延ばしをしたことで、幸福感が損なわれるだけでなく、罪悪感が生まれ、抑うつなどのメンタルヘルスの症状も増えてしまったりしたという研究結果も出ています。

私はウェブサイトの制作や動画の編集などでの苦い経験からも、今は「10x」による「どうやるか」以上に「誰とやるか」を考えるようになっています。実際、「誰とやるか」を考えることで、より速くより大きな目標を達成できています。

「どうやるか」を「誰とやるか」に転換して時間とエネルギーを生み出す

「どうやるか」を「誰とやるか」に転換したら、どれだけの時間を節約できますか？

1日に1人でタスクを行える仕事量には限りがあります。とくに「好き」でも「得意」でもない仕事の場合は、時間とエネルギーを消耗してしまいます。

たとえば、あなたが会社のウェブサイトをつくる新しいプロジェクトに取り組むとします。1つの方法は、自分自身ですべてのタスクをこなすことです。しかし、さきほど私の失敗例としてもお伝えした通り、自分のユニークアビリティではないとしたら、ウェブサイトをつくる方法を学ぶのは「10x」の観点では最適な行動ではありません。時間がかかってしまうだけでなく、質の低いウェブサイトができてしまうからです。

一方、自分自身ですべてのタスクをこなすのではなく、ウェブサイトをつくるのがユニークアビリティである人に依頼する。すると、自分でつくるよりもはるかに速く、質の高いウェブサイトができることでしょう。

そして、そこにかかるコストについては、あなたがユニークアビリティを発揮できる仕事に注力して生み出すのと比べたら、どちらがタイムパフォーマンス的にも、コストパフォーマンス的にも良いでしょうか？

自分がユニークアビリティではないことに注ぐ時間を「どうやるか」を「誰とやるか」に転換すると、どれだけ節約できるかを数値化してみてください。

仮にあなたが自分でウェブサイトをつくる場合、調べたり、学んだりする時間も含めて200時間かかるとします。一方で、ウェブデザイナーに任せる場合、要件定義や内容確認にかかる時間も含めて20時間でつくることができたとします。

「どうやるか」を「誰とやるか」に転換した結果、自分がウェブサイトをつくる場合と比べて、仮に10分の1の時間で、さらにはるかに質の高いものを作成できるかもしれません。そして、節約できた180時間を自分のユニークアビリティを活かせる仕事に使えたら、どれだけのお金を生み出せるでしょうか？

実際に私はユニークアビリティでもないのに自分でウェブサイトをつくったり、動画を編集したりして悪戦苦闘しましたが、そうする前に、「どうやるか」を「誰とやるか」に転換した場合の時間を数字で比較していたら、間違いなく「誰とやるか」を選んでいたことでしょう。

あなたも自分のユニークアビリティではない仕事をしている場合には、その仕事がどれくらいの時間を要していて、「誰とやるか」に変換した場合、どれだけの時間を節約できるかを計算してみてください。

そして、その節約した時間をあなたのユニークアビリティに特化した仕事に注力したら、どれだけのお金を生み出せるかも計算してみてください。

「1人でできる仕事量の限界値」を変えるパラダイムシフトの起こし方

1人で長い時間働いても思うように成果が出ないとき、そこには、ある壁が立ちはだかっていると言えます。そこで、その壁を乗り越えるべくパラダイムシフト（その時代に当然だと考えられていた価値観などが劇的に変化すること）を起こします。

壁を乗り越える前の段階をパラダイム1とすると、パラダイム1は「1人で目標を達成できる」「私は、ほかの人のサポートを必要としていない」という状態です。

もちろん、自分ひとりでできるというのは大切なことです。しかしながら、すべてを人に任せず、自分だけでやろうとするのは考えものです。私は、これを**「頑固な個人主義」**と呼んでいます。

パラダイム1の「頑固な個人主義」の考え方に固執していると、自分の能力の範囲内でのアウトプットしかできません。

パラダイム1に対して、パラダイム2は、自分で「どうやるか」以上に「誰とやるか」を重視し、自分が「好き」で「得意」ではない仕事はユニークアビリティを持つ人に任せる、という考え方です。

私自身や私の周りのひとり起業家の経験でも、チームではなく、1人でビジネスを行う場合、1000万円から3000万円の範囲で「年商の壁」が立ちはだかります。

パラダイム1の「頑固な個人主義」の考え方では、どんなに長く熱心に働いても、年商3000万円以上を達成するのは難しくなります。

けれども、**「どうやるか」以上に「誰とやるか」を重視し、自分ひとりではなくユニークアビリティを活かしたチームで仕事をすることでパラダイム２へシフトすると、パラダイム１で仕事をしていたときよりも短い時間で年商３０００万円を超える成果を出せるのです。**

自分が「好き」で「得意」ではない仕事はユニークアビリティを持つ人に任せ、そこから生み出した時間は、自分のユニークアビリティを活かした仕事に注力していくと、できる仕事の限界値が劇的に上がります。

しかも「好き」で「得意」な仕事は、エネルギー高く情熱を持って続けることでよりスキルアップします。その仕事を続けていくと、自分のユニークアビリティをさらに伸ばすことができます。

ユニークアビリティを活かした仕事に注力できるようになると、日々、自分の好きで得意な仕事なので、仕事のプロセスも楽しめるようになります。

あなたは「好き」でも「得意」でもない仕事を我慢して目標を達成する道と、「好き」で「得意」な仕事に注力してチームで目標を達成する道のどちらを選びますか？

目標を達成するために「好き」でも「得意」でもない仕事をしてストレスの続く日々を過

ごすよりも、プロセスも楽しみながらのほうがモチベーション的にもいいですよね。

「誰とやるか」を重視することで見える世界

「どうやるか」を「誰とやるか」に転換すると、それまでには見えなかった世界が見えてきます。

節約して生まれた時間で、あなたがユニークアビリティに特化した仕事に取り組むことで、さらに大きな成果を生み出せます。

節約して生まれた時間は、仕事に費やすのではなく、大切な人と過ごす時間にすることもできます。

つまり、節約して生まれた時間で、さらにビジネスを拡大することもできますし、自由な時間を過ごすこともできるという選択肢を得られるようになるのです。

また、自分でやることを減らすと、その結果、時間とエネルギーを節約できます。その節約して生まれた時間とエネルギーを自己成長や休息にあてることもできます。

自己成長のための学びを通じて、新たなスキルや知識を習得し、自身のユニークアビリティを磨き、ビジネスに活かすこともできます。

「体が資本」という言葉通り、健康は大切です。そして休息をとることで、ビジネスでも成果を出すために必要な集中力や持続力が生まれます。

また、十分な休息とリラックスの時間をとると、創造性が向上し、より柔軟で効果的な意思決定ができるようになります。

人生で私たちが使える時間は限られています。「好き」ではないことや「得意」ではないことを一生懸命やって自分の時間を無駄に使うのはやめましょう。

自分が「好き」ではない仕事や「得意」ではない仕事を手放すと、自分の時間を生み出すことができます。そうすると自分の心も解放されて、本当のやりたいと思う「10倍の目標」の実現に向けて時間を使えるようになるのです。

人に任せるには「勇気」が必要

恐れずに、人に任せる

経営者や起業家、プロジェクトリーダーなどの役割を担っていて責任感の強い人ほど、すべての仕事を自分でこなそうとする傾向があります。しかし、**10倍の成果を出すためには、恐れずにほかの人に仕事を任せることが不可欠です。**

先述したように、成果を最大化するには、自分自身がユニークアビリティに集中し、そうでない仕事はほかの人のユニークアビリティに頼る、という考え方のパラダイムシフトが必要です。

ダン・サリヴァンも、「人に仕事を任せることは成長と成功の鍵である」と伝えています。

「10x」は、長く働いて成果を出すという従来の考え方ではなく、自分自身の能力や時間の制約を超えて、10倍の成果を追求します。そして、それを実現するためには、自身の能力だけに頼るのではなく、ほかの人のユニークアビリティを活用します。

「誰」に仕事を任せるかに焦点をあてると、あなたがリーダーとして大きな目標を達成するには、専門的な能力や知識、経験を持つ人に任せることも必要です。


たとえば、あなたがプロジェクトリーダーだとして、チームメンバーを信頼せずにマイクロマネジメントをして、すべてをコントロールしようとすると、チームメンバーが主体性とユニークアビリティを発揮するのを妨げてしまいます。

と言いつつ、恥ずかしながら私の失敗談を告白します。じつは私自身、以前にマイクロマネジメントをしていたことがありました。

自分が考えたやり方通りにプロジェクトを進めるべく、チームメンバーが提案したアイデアや方法をことごとく却下して、私の指示通りに行うよう伝えていました。

また、私が考えたやり方やスケジュール通りに進んでいるかを確認するために、チームメンバーに逐次報告することも求めました。

その結果、何が起きたかというと、プロジェクトはスケジュール通りに完了したものの、チームメンバーの士気は下がり、主体性やクリエイティブな発想がまったくなくなってしまいました。さらに、私もマイクロマネジメントするために多くの時間やエネルギーを費やしていました。今振り返ると、ひどいリーダーだったと深く反省しています。

大きな目標を達成すべくプロジェクトの成功確率を高めるには、自身がすべての業務を担当したり、マイクロマネジメントしたりするのではなく、ユニークアビリティをもとに信頼するチームメンバーや専門家に仕事を任せます。

10倍の変革をもたらすプロジェクトリーダーの役割は、ビジョンを示し、チームメンバーに適切に仕事を任せることです。

そして、ほかの人に仕事を任せることは搾取ではありません。ほかの人に仕事を任せることは、任せられた人に成長の機会を与え、実績を積むチャンスを提供することでもあります。思いきって仕事を任せることで、任せられた人の自己重要感を高めるきっかけにもなります。

人に仕事を任せるというのは、相手の育成や成長を願っての気持ちがあってこそできることでもあります。

人に仕事を任せるときの「課題」と「対策」

人に仕事を任せるには「勇気」を必要とします。とくに自分がそれまでやってきたことを任せるのは、多くの人にとって難しいことです。

しかし、10倍の成果を出すためには、自身の能力や経験に固執するのではなく、チームメンバーへの信頼と協力の精神を持つことが不可欠です。

自身の限界を認め、信頼できるチームメンバーや専門家に仕事を委ねることで、組織全体のパフォーマンスが向上し、成果が飛躍的にアップする可能性を生み出します。

人に仕事を任せられない人の傾向として、「自分でやったほうが早い」「自分がやったほうがうまくいく」と思ってしまうことが挙げられます。

たしかに、自ら手を動かすと速く結果を出すことはできるかもしれません。仕事を任せるために教える手間も省けて、仕事を任せた人が失敗するリスクも避けられます。

ただし、**本当に重要なのは短期的なスピードではなく、長期的なビジネスの成功です。**自分がすべてをやることで、チームメンバーの成長の機会を奪ってしまうかもしれません。ここでも言えるのは、ほかの人に仕事を任せることで、自分もチームメンバーもユニークアビリティに集中し、組織全体の力を最大限に引き出せる、ということです。

また、お金を節約しようとする意識から、人を採用したり、外注したりするかたちで人に仕事を任せられないケースも少なくありません。たしかにコスト管理は重要な要素ですが、果たして単にお金を節約することが成功の要因となるのでしょうか。

一方、お金をかけて、人を採用したり、外注したりすることによって適材適所で人に仕事を任せ、より高い品質や効率性を確保し、組織全体の競争力を向上させることができます。

10倍の成果を出すような変革をもたらすリーダーには、自分のアイデアに固執しないということも大切です。今までの延長線上ではなく、チームメンバーからのアイデアやフィードバックを受け入れることで、ユニークアビリティを活かしたチームメンバーの創造力を発揮させ、1人ではなし得ない想像以上の成果をもたらします。

ダン・サリヴァン自身も「以前はアイデアを共有することや相手からのフィードバックも受け入れられなかった」と話していましたが、勇気を持って自分のアイデアを共有したり、相手のアイデアやフィードバックを受け入れるようにしたことで、自分のアイデアだけでは達成できない大きな成果を出せるようになったそうです。

「任せる」とは、チームメンバーを「信頼」すること

実際に、私が経営に携わっている会社でプロジェクトリーダーの役割を担ったときにも、勇気を持って人に任せたことが変革のきっかけになりました。

医療分野で新しい市場に参入するプロジェクトを進めていた際、私がプロジェクトリーダーとなり、6人のチームメンバーとともに仕事をすることになりました。

このプロジェクトは成功すれば市場拡大の大きなチャンスが見込まれていましたが、同時に新しい市場へ参入するための投資が必要であり、失敗するリスクもありました。

最初は、私も含めて上層部がプロジェクトに細部まで関与し、方針や戦略を指定するスタイルで進めていました。しかし、私自身の能力や経験ではすべてをカバーすることが難しく、チームメンバーそれぞれが持つユニークアビリティを最大限に活かすべきだと感じました。

そこで、勇気を持って特定のタスクや責任をそれぞれのチームメンバーに任せることにしました。具体的には、市場調査と競合分析を専門的に担当できるチームメンバーに任せ、商品戦略の策定においては製品開発に長けた者にリードを任せました。

この選択が、結果として私には思いつかなかったアイデアの創出につながり、迅速で的確

な意思決定も可能になったのです。

当時は「自分がすべてをコントロールしなくてはいけない」という思い込みがありましたが、実際には逆でした。**チームメンバーがそれぞれの専門分野でリーダーシップを発揮し、自発的にアイデアを出し合いながら仕事を進める姿勢が、新しい市場を開拓する成功の鍵を握っていたのです。**

また、ほかの人に任せるようになると、チームにおける私自身の役割も変化していきました。

最初は指示を出すことが中心でしたが、しだいにメンバーと協力して目標を達成するための戦略を練るようになりました。これが、柔軟性のある組織文化を築く一助となりました。

最終的に、新しい市場への参入は成功し、目標としていた売上を達成できました。これは、1人ひとりのチームメンバーが自らの力を発揮できる環境を整え、「人に任せる勇気」を持ったことによる結果だと確信しています。

自分がすべてに関与して、自分で決めて、手を出し口を出すやり方のほうが気持ち的にはラクでしょう。それゆえ、自身のコントロールを手放して、チームメンバーを信頼して、人に仕事を任せるのは勇気のいることです。

人に仕事を任せる。それは言うは易く行うは難しで、何らかの葛藤が生じるかもしれません。そのとき、**10倍の変革をもたらすリーダーとして大事な心持ちは、うまくいったらチームメンバーの手柄、うまくいかなかったら自分の責任であることを自らに言い聞かせながら人と接することです。**

チームとして目標を目指す過程で、10倍の変革をもたらすリーダーはメンバーの失敗や至らない部分も受け入れ、その責任をすべて自分が背負う覚悟が必要です。

そうして人に仕事を任せ、チーム全体の能力を最大限に引き出していくと、チームは協力し相互に補完し合いながら、大きな目標に向かって進みます。

「人に任せる」とは、好きでも得意でもない仕事を押しつけることではない

「どうやるか」以上に「誰とやるか」は双方向に作用する

「10x」では「どうやるか」以上に「誰とやるか」を考え、自分の好きでも得意でもない仕事は、その仕事をユニークアビリティとする人に任せることをお伝えしてきました。が、「それって、好きでも得意でもない仕事を人に押しつけるの？」と思われる方もいるかもしれません。

「そもそも自分が『嫌い』で『苦手』なことは基本的にやりたくない。やりたくない仕事を人に押しつけるための言い訳じゃないか」という意見もあるかもしれません。

「人に任せる」とは、「好き」でも「得意」でもないことを押しつけるわけではありません。

自分の「嫌い」なことや「苦手」なことを、「好き」な人や「得意」な人に任せるのです。

今までの延長線上で長く働いて成果を出すのではなく、10倍の成果を出すためには、自身のユニークアビリティを活かした仕事を選択して、周囲の人と協力する考え方にシフトすることが成功の鍵になります。

なぜ、ほかの人に任せることが成功につながるのか？　**それは、ほかの人には自分にはないスキルや知識、経験があり、それらを活かせるからです。**


私がストラテジック・コーチ社で「10ｘアンビションプログラム」の講義を受けたときに、1つの印象的な出来事がありました。

ダン・サリヴァンが講義をしているときに「どうやるか」以上に「誰とやるか」について、ユニークアビリティをもとに人に仕事を任せるという話になり、彼はストラテジック・コーチ社のスタッフの1人である女性を皆の前に呼びました。

彼女は自己紹介をして、自分のユニークアビリティは文書や情報を整理することだと情熱を持って話しました。その後、ダン・サリヴァンが受講生へ「彼女の助けが必要な人は手を挙げてください」と話したところ、私も含め、その会場にいるすべての人が手を挙げたのです。

起業家をはじめストラテジック・コーチ社に集った受講生は、行動すること、話すことは得意でも、書くことや情報を整理するのは苦手な人が多かったということでしょう。

人に任せることによって、自分自身の時間とリソースを最適化できます。自分ひとりで使える時間は限られているので、苦手なことを、それが得意な人に任せ、自分が得意なことに集中すると、生産性が向上します。そうして、より多くの成果を生み出し、自身のビジネスやプロジェクトの成長を促進できるのです。

さらに、人に任せることは単なる業務の効率化だけでなく、人間関係の側面でも重要です。チームメンバーはビジョンの実現へ向けて協力し、お互いをサポートし合うことで絆を深めていきます。信頼と尊敬のある心理的安全性の高い関係を築けると、チーム全体のモチベーションや創造性が高まり、より大きな成果を生み出すことができるようになります。

ユニークアビリティを活かしたチームで10倍の成果を手にするためには、人に任せるだけでなく、自分自身が「誰か」になることも大切です。チームメンバーにとってのサポーターや協力者となって、チームの一員として貢献するのです。

「どうやるか」以上に「誰とやるか」は双方向に作用し、ほかの人に「誰か」となってもらうことも、自分が「誰か」になることもあります。

人に任せることは単なる業務の分担ではなく、成功を促すための戦略です。チームメンバーがあなたを支え、あなたがチームメンバーを支える。「10x」の考え方に基づき、チームメンバーと協力し、信頼と尊敬の絆を築いていき、より大きな成果を手に入れることができるのです。

「10倍の目標」を達成するリーダーシップの中核をなすものはビジョンの明確さ

何を求めているのかが明確であればあるほど、最適な「誰か」が見つかる

ビジョンの明確さは、「10倍の目標」を達成するためのリーダーシップの根幹をなします。**リーダーが自身のビジョンを明確に持ち、それをチームや組織に伝えることで、チームメンバーは共通のビジョンに向かって動いていきます。**

「10x」に基づく考え方により、今までの延長線上ではない大胆なビジョンや目標を掲げ、自身やチームの能力を最大限に引き出す。それが大きな成果につながります。

ビジョンがはっきりしていると、求める人物像も具体化されます。それによって、採用やパートナーシップの際にも、ビジョンに共感し、目標達成に向けて一緒に仕事を行う意欲の

ある人材を選びやすくなります。

ビジョンが明確であればあるほど、リーダーは自分が求めているユニークアビリティを有する人材を早く見つけることができるのです。

30分で30日間を節約できるプロジェクトシート

ビジョンを明確にするためには、ダン・サリヴァンが開発した**「インパクト・フィルター」**が役立ちます。

「インパクト・フィルター」は「影響力をフィルタリングするもの」という意味があり、ビジョンを実現するために必要な要素を洗い出し、それに基づいて行動するためのフレームワークです。このフレームワークによって、リーダーはビジョンを実現するための目的や重要性、成功の基準などを定義し、チームに共有できます。

「インパクト・フィルター」は、1枚のシートに次のような質問で構成されています。

・プロジェクト：プロジェクトは何か？
・目的：何を達成したいか？　動機は何か？
・重要性：これはどのような違いをもたらすか？　なぜこれが重要か？
・理想的な成果：完了したプロジェクトのイメージは？　結果、何がもたらされるのか？
・最良の結果：自分が行動を起こしたら、何が可能になるか？
・最悪の結果：自分が行動を起こさなかったら、何がリスクにさらされるか？
・成功の基準：具体的にどのような結果が出れば、このプロジェクトが成功だと言えるか？

「インパクト・フィルター」の質問に答えることで、自分のビジョンが明確になり、その目的や重要性、理想的な成果なども言語化でき、ほかの人に共有できます。

また、「インパクト・フィルター」には最良の結果と最悪の結果も書き出すので、チームでプロジェクトに取り組むと「何が可能になるのか」「何がリスクになるのか」を同時に理解できます。

最良だけでなく最悪の結果についても考えると、行動するメリットだけでなく、行動しないデメリットについて考えられるようになり「損失回避バイアス」も視野に入ります。

インパクト・フィルター™

1. プロジェクト			
目的	何を達成したいか？ 動機は何か？	成功の基準	具体的にどのような結果が出れば、このプロジェクトが成功だと言えるか？
		1	
		2	
重要性	これが違いをもたらす場合、 最も大きな違いは何か？ なぜこれが重要か？	3	
		4	
		5	
理想的な成果	完了したプロジェクトの イメージは？	6	
		7	
		8	

2. 自分を売り込む		
最良の結果	自分が行動を起こしたら、 何が可能になるか？	
最悪の結果	自分が行動を起こさなかったら、 何が最悪の結果になるか？	

名前：　　　　　　　　　　　　　　日付：

「損失回避バイアス」とは、多くの人にとって「利得の喜び」と「損失の悲しみ」を比べると後者のほうが2倍以上大きく感じるという人間心理の特徴のことです。

「自分が行動を起こさなかったら、何がリスクにさらされるか？」という質問によって、その答えは人を動かす強力な原動力となります。

このようなプロセスを経て、「どのような結果が出れば、このプロジェクトが成功だと言えるか」を数値や期限ではっきりと示すことで、チームメンバーとゴールがすり合わされます。


この「インパクト・フィルター」も90日間を対象としたプロジェクトによるシートの1枚として使用します。

たとえば、自分のビジョンを個別に口頭で伝えた場合、同じ内容を1人ひとりに説明して理解してもらうのは簡単なことではありませんし、多くの時間を要してしまいます。

けれども、この1枚の「インパクト・フィルター」を完成させてチームに共有すると、短い時間で自分のビジョンを共有できます。

ダン・サリヴァンは、「実際にこの『インパクト・フィルター』を使用することで、30分で30日間を節約できた」と話していました。「インパクト・フィルター」を使用する前は、自分の考えを明確にできていなかったため、そのような状態でメンバー1人ひとりに説明を行った結果、うまく説明できず、説明を受けた人もそれぞれの解釈で受け取り、共通の認識を持つことができなかったそうです（より詳しく知りたい方は、ダン・サリヴァンとベンジャミン・ハーディの著書『WHO NOT HOW「どうやるか」ではなく「誰とやるか」』（ディスカヴァー・トゥエンティワン）が参考になるでしょう）。

私も「インパクト・フィルター」を使用するまでは、新しいプロジェクトを開始するときにチームメンバーへ個別に説明を行ったりしていました。中には、そもそもプロジェクトの目的や成功の基準も明確にしていないケースもあり、チームメンバーに共通の認識を持ってもらうことができず苦労していました。

「インパクト・フィルター」を活用するようになってからは、30分間で質問に答えることで自分のビジョンを明確にできるようになりました。

そして、チームメンバーにもプロジェクトのビジョンや重要性、成功の基準を一気に共有でき、スピードとパフォーマンスの両面で効果があったことは言うまでもありません。

最もパフォーマンスの高い「誰」をどう選ぶか

「誰」「どの領域で」「どれくらいの金額」「どのようなビジネスの影響があるか」をリストアップする

「インパクト・フィルター」によって自分のビジョンが明確になったら、「どのように達成するか」ではなく、「このビジョンの実現を助けてくれるのは誰か？」を考えます。

もし、あなたが「誰」を見つけるのが「好き」で「得意」でなければ、「このビジョンの実現を助けてくれるのは誰か？」を探してくれる「誰」自体を見つけることをおすすめします。

もし、そうした「誰」がいない場合には、人の採用や外注をはじめ、「誰」を見つけるのが「好き」で「得意」なチームメンバー自体の募集をしてください。

では、どのような要素を検討すれば、ビジネスの成果を最大化するために最も効果の高い**「誰」**を見つけることができるのでしょうか？

まずは、「誰」を選ぶかという点についてです。優れたパフォーマンスを発揮する人材として、単にスキルや経験だけでなく、価値観やモチベーションの一致も重要になります。あなたのビジョンや目標に共感し、チーム全体の方向性に貢献できる人材を選ぶのです。

この観点でも、「インパクト・フィルター」を共有すると、相手が自分のビジョンや目標に共感するかどうかを確認できます。

もし、「インパクト・フィルター」を共有して、ビジョンと重ならないというのであれば、無理に一緒にやる必要はありません。

「インパクト・フィルター」は、文字通り一緒にプロジェクトを行う相手を見極めるフィルターの役割を果たします。

次に、**「どの領域で」**その人材を活かすかです。適切なポジションに人材を配置することで、成果を最大化できます。それぞれのスキルセットや専門知識を考慮し、それに応じた役割を与えることが重要です。

また、**「どのくらいの金額」**がかかるかも検討すべき要素です。最も優れた人材には、その働きに見合った報酬やインセンティブを提供する必要があります。適切な報酬体系を整えることで、人材のモチベーションや忠誠心が高まります。

さらに、**「どのようなビジネスの影響があるか」**も大事な要素です。人材を選ぶ際には、その人材がビジネスにどのような価値をもたらし、どのような成果を生み出せるかを考慮します。相手の能力や経験がビジネスの成長や競争力向上に寄与できるかを見極めます。

そして最後に、**「ほかにどんな影響が考えられるか」**を検討します。1人の人材がチームや組織に与える影響は決して少なくありません。その人材がチームメンバーの協力体制にどのような影響を与えるか、チームのシナジーを高めることができるかを考えます。

たとえば、ユニークアビリティに基づいて仕事を任せる人は、必ずしも専門家である必要はありません。

仮に、任せる仕事の経験が少ない新入社員でも、その仕事が得意分野で情熱を持って取り組めるのであれば、その新入社員と組織の成長のために任せてもOKと判断できます。その新入社員が新しい発想で結果を出すことができる可能性も秘めています。

以上の「誰」「どの領域で」「どれくらいの金額」「どのようなビジネスの影響があるか」「ほかにどんな影響が考えられるか」の要素を検討すると、最も効果の高い「誰」を選ぶことができます。

ここで選ぶ「誰」は、現時点で最も効果の高い「人材」です。なぜなら、あなたのユニークアビリティや影響力がさらに上がると、あなたが出会ったり、つながっていたり、アクセスできる「誰」のレベルも変わってくるからです。「どのくらいの金額」を投資できるかも変わってきます。

「誰」を見極める決定的な質問

「インパクト・フィルター」を共有して「このビジョンの実現を助けてくれるのは誰か？」の候補が見つかったときに、その「誰」を見極める決定的な質問があります。

「もし、あなたが今から3年後に私と会い、一緒にそれまでの3年間を振り返ったとき、自分の成長について幸せだと感じるとしたら、個人的にも仕事上でも、あなたの人生にどんなことが起こりましたか？」

これは、相手との未来の関係性を見極める質問です。世の中には、数えきれないほどの「誰」がいます。この質問をすると、あなたは質問した相手の未来にとって何が重要かを知ることができます。

もし相手の質問による答えで、これからあなたと一緒に関係を築きたい気持ちがあるというのがわかれば、その相手はあなたのビジョンの実現を助けてくれる「誰」です。

実際に今、私が携わっている事業で一緒に仕事をしている人たちは、この質問に対する答えが、「(私と)一緒に仕事をすることで個人的にも仕事上でも成長できて幸せだと感じ、より大きな未来を実現したい」と望んでくれた人たちばかりです。

あなたが「このビジョンの実現を助けてくれるのは誰か？」を探す際に、一定数の人は過去と同じ未来を実現したいと考えます。一方で、過去と同じではなく、共感できるビジョンの実現に向けて、より大きな未来を実現したいという人もいます。

そのとき、**一緒により大きな未来を実現したいと思う相手と未来に価値をつくり出すことを選んでください。**この相手が見つかったとき、相手にとっても、あなたは必要とする「誰」になります。

10x

第5章

チームをつくって「仕組み化」する

「チーム」という単位で取り組むから、「10倍の目標」達成が可能になる

寝室に引きこもっていたときに得ていた「10x」のヒント

今では私自身、10倍の成果を出しながら自由な時間を持てるようになっていますが、「10x」の考え方をもとに仕事をする前は、本書の冒頭でお話ししたように、毎日朝早くから夜遅くまで仕事をして、平日はほとんど妻と子どもたちと過ごす時間がありませんでした。

週末も仕事をする日々が続いた結果、心身ともに疲弊して、休みの日でもうつ状態で寝室に引きこもるようになっていたのもお話しした通りです。

では、休みの日に寝室に引きこもっていたとき、何をしていたかを恥ずかしながら告白す

ると、ベッドに横たわりながらスマホで漫画を読んでいました。翌週の月曜日から膨大な仕事があることを考えたくなくて、現実逃避していたのです。

どんな漫画を読んでいたかというと、『ワンピース』や『キングダム』でした。当時、現実では仕事をたくさん抱えがちで、何もかも自分の責任で仕事をしないといけないとプレッシャーで押しつぶされそうになりながらも、こうした漫画で主人公が仲間たちと個性を活かして活躍する姿を見て、「自分もいつかこんな仲間たちと巡り逢いたい」とうらやましく思っていました。

寝室でこれらの漫画を読んでいたときは、もちろんまだ「10x」について知らなかったのですが、今振り返ると、この2つの漫画には「10x」にも関連するある共通点があります。『ワンピース』では主人公のルフィが「海賊王におれはなるっ!」、『キングダム』では主人公の信が「俺が天下の大将軍になる男だ」という壮大なビジョンがあり、物語の冒頭から宣言しています。もしかしたら、「10x」と共通する「最初に目標を決める」部分にも魅かれていたのかもしれません。

ルフィや信が大きなビジョンを持ち挑戦し続けているのは、「10x」でそれまでの延長線上ではない10倍の大きな目標を持ち、挑戦することとも共通しています。

また、1人ではなく、ユニークアビリティを活かした仲間たちと「チーム」という単位で取り組むから、1人では決して成し遂げることができない大きな成果を出しています。

もしルフィが1人だけで冒険を続けていたとしたら、1人でできることには限界があり、海賊王には到底近づけないと思います。実際には物語の最初の頃から、海賊王になることを宣言して、そのビジョンに共感して海賊王になるという目的を達成するための仲間をつくっています。これは『キングダム』の信も同様です。

ルフィと信は「どうやるか」以上に「誰とやるか」という観点でも「10x」と共通しており、自分が「好き」でも「得意」でもないことは、それを「好き」で「得意」とする人に任せています。

たとえば、『ワンピース』では、ルフィが料理を自分でつくったら、きっとうまくいかないので、料理人のサンジに任せています。『キングダム』では、信は自分のチーム「飛信隊《ひしんたい》」の軍師として戦略を河了貂《かりょうてん》に任せています。

これらは、自分が「好き」でも「得意」ではないことは、それを「好き」で「得意」とする人に任せたほうが、はるかに良い成果を出せることとシンクロしています。

『ワンピース』や『キングダム』と「10x」の共通点と異なる要素

ここまで、「10ｘ」と『ワンピース』や『キングダム』の共通の要素についてお伝えしてきました。「10倍の目標」を実現する4つのステップ、①「10倍の目標」を立てる、②ユニークアビリティに特化する、③「どうやるか」以上に「誰とやるか」を重視する、④チームをつくって「仕組み化」することも、概ね『ワンピース』や『キングダム』と重なる部分が多くあります。

ただし、『ワンピース』と『キングダム』について触れましたが、私たちはふだんほかの海賊団や国と戦っているわけではありません。

ビジネスにおいては、競合他社やライバルと戦うというとらえ方もあるかもしれませんが、どんな競争環境であっても、顧客にきちんと価値を提供できれば、結果的には受け入れてもらって、ビジネスを成長させていくことができます。言い換えると、「無理に競合他社を倒す必要はない」ということです。

とりわけ「10ｘ」に基づく考え方は、競合他社やライバルと戦う「競争」というよりは、今までの延長線上ではない発想で顧客に役立つ「価値」を生み出すことを目指しています。

そのため、**誰かと比べるのではなく、自分自身が納得する人生を歩むことが大切です**。そこで、この章では「10ｘ」思考によるビジネスの世界に基づいた「仕組み化」のやり方とパフォーマンスの発揮の仕方についてお伝えしていきます。

「10x」に基づいたチームの「仕組み」のつくり方

10倍の目標を達成するチームをどう「仕組み化」するのか

「10x」に基づいたチームの「仕組み」のつくり方について、じつはここまでの本書を通して「仕組み化」を進めるためのプロセスをすでにお伝えしています。実際には、**「10倍の目標」を実現する3つのステップ自体が仕組み化のためのプロセス**であり、今一度、整理して説明します。

まずは「10倍の目標」を実現する1つ目のステップである「10倍の目標」の立て方について、「10x Mind Expander」をはじめとして説明しました。

最初に、自分が達成したい「10倍の目標」の数字を決め、次にその目標を達成した未来を想像する。そうやって、未来にいる自分が、過去を振り返るような視点で質問をすることで、これまでの延長線上のやり方とは異なる想像的な視点で考えられるようになります。

最初は、質問を自分自身に問いかけるかたちになりますが、チームができた段階では、1人でやるよりもチームでやったほうがより効果的です。

2つ目のステップである「好き」「得意」「人の役に立つ」「お金を生む」という4条件に特化するについては、「ABCモデル」と呼んでいるユニークアビリティに特化してブレイクスルーを起こすための思考プロセスをもとにお伝えしました。

この「ABCモデル」を90日ごとにチームで行うことによって、仕事の割合の見直しと改善ができます。

また、「ABCモデル」の実践にあたっては、それまでなじみのあった仕事内容を変えるためには勇気が必要であり、1つ目のステップで紹介した「4つのC」の順番で、「Commitment（決意）」して、「Courage（勇気）」を持って挑戦し、「Capability（能力）」が身につき、結果として「Confidence（自信）」が備わることもお伝えしました。

3つ目のステップである「どうやるか」以上に「誰とやるか」を重視するについては、「インパクト・フィルター」でビジョンを実現するための目的や重要性、成功の基準などを明確にしてチームで共有し、90日間を対象としたプロジェクトシートとして使用することをお伝えしました。

最も効果の高い「誰」を選ぶための具体的な要素と見極める決定的な質問もお伝えしています。「どうやるか」という思考を「誰とやるか」に転換すると、どれだけ自分がユニークアビリティではないことへの時間を節約できるか、そして数値化する方法も説明しました。

そして、4つ目のチームをつくって「仕組み化」するステップは、これまでの1～3の各ステップでお伝えしてきたプロセスを実践していくのが第1段階になります。

「10倍の目標」を達成するための「仕組み化」

ここで質問です。

あなたは「仕組み化」というと、どのようにイメージするでしょうか？

「仕組み化」とは一般的に、属人性を排除し、いつでも、どこでも、誰が行っても同じ成果を出せる方法と定義されます。

一方、**「10ｘ」に基づく「10倍の目標」を実現するための「仕組み化」では、属人性を活かしながら再現性のある仕事のやり方をつくります。**

「10倍の目標」を達成するための2つ目のステップにある「好き」「得意」「人の役に立つ」「お金を生む」という4条件に特化し、「どうやるか」以上に「誰とやるか」を重視することで、人材を活かしながら、再現性を持って事業を成長させていきます。

第2段階は、より具体的なアクションへとつなげていくべく「仕組み」に落とし込みます。

「仕組み」への落とし込み方については、この後から具体的にお伝えしていきます。

「10倍の目標」を達成するために「仕組み」に落とし込む

「10倍の目標」を達成するマイルストーンの立て方

「10倍の目標」を「仕組み」に落とし込む際には、第1章でお伝えした「10x Mind Expander」が再び登場します。「10x Mind Expander」は、「10倍の目標」を達成した未来を想像して、その未来にいる自分が、過去を振り返るような視点によって、これまでの延長線上のやり方とは異なる想像的な視点で考える目標の立て方でした。

なお、**目標は目的を実現するための手段であり、構造的には目的の次のレイヤーに位置します。**「10x Mind Expander」では自分が本当に実現したい理想を明確にして、目的を達成するための「10倍の目標」の数字を決めます。

「10x Mind Expander」で「10倍の目標」を達成する期間は、自らが設定することで、自分ごと化して10倍という大きな目標でも現実的に達成可能になります。

この期間を設定したうえで、自身やチームのメンバーに「10倍の目標」を達成するための発想を得る質問について問いかけると、今までやったことがないクリエイティブな発想で目標を達成する方法を見つけられる可能性が高まります。

新しいテクノロジーを活用したり、自社の得意分野と他社の得意分野を掛け合わせたコラボレーションをしたり、異業種での成功事例を取り入れたりすることによって、これまでの延長線で長くハードに働くやり方とは異なる方法を考えるようになります。

次は、目標を達成するまでのマイルストーンを明確にしていきます。

現在、年商1億円の会社が「5年後に年商10億円を達成する」という「10倍の目標」を立てた場合には、たとえば5年目は年商10億円、3年目は年商5億円、1年目は3億円といったかたちで、大まかで良いので最終目標を達成するまでの目安となる目標を未来から逆算して設定します。

売上だけでなく、利益率や顧客数など、あなたが取り組むビジネスに重要な指標もチームとして決めてください。

こうして1年後に達成する目標も逆算できるようになります。

世の中には、昨年比○%アップという過去の実績の延長で売上目標を決めるパターンが多くありますが、「10ｘ」では、**今までの延長線上ではないやり方で目標を達成するために、未来から逆算して目標を設定します。**

90日ごとに「インパクト・フィルター」を使って10倍の目標へ向けて取り組む

1年後に達成する目標が明確になると、90日を対象としたプロジェクトシートである「インパクト・フィルター」も作成できます。

対象となるプロジェクトは1つに限定されず、複数になっても構いませんが、1年後に目標を達成するために最も効果の高いプロジェクトから優先して選びます。

プロジェクトを選んだ後は、「インパクト・フィルター」でビジョンを実現する目的や重要性、成功の基準などを明確にしてチームで共有し、90日間を対象とした「プロジェクトシート」として使用します。

「インパクト・フィルター」は成功の基準を明確にします。これは「具体的にどのような結果が出れば、このプロジェクトが成功だと言えるか？」を数値と期限ではっきりと示し、組織の目標を達成するための重要な業績評価の指標であるＫＰＩ（Key Performance Indicator）になります。

成功の基準は「ＳＭＡＲＴの法則」をもとに設定してください。「ＳＭＡＲＴの法則」とは、企業や組織の目標を確実に達成するために用いられる目標設定の指針です。

S：Specific（具体的な）
M：Measurable（計測可能な）
A：Achievable（達成可能な）
R：Relevant（関連した）
T：Time-bounded（期限を定めた）

S、M、A、R、T、それぞれの頭文字をとった言葉です。これらの5つを意識することで目標達成の精度を格段に高めてくれます。

「S」は、「具体的な」を意味する「Specific」の頭文字です。目標は具体性を持ったものでなければなりません。目標が抽象的では、目標を達成するための行動もふわっとしたり、ぼんやりとしたものになりかねません。そうなれば、目標達成からほど遠くなってしまいます。

「M」は、「計測可能な」を意味する「Measurable」の頭文字です。効率的で有効性の高い目標管理を実施するためには、計測できる目標であることが重要です。

「A」は、「達成可能な」を意味する「Achievable」の頭文字です。現実的にチャレンジ可能な目標を設定することで、チームメンバーの目標に対する合意とアクションの実行が期待できます。

「R」は、「関連性」を意味する「Relevant」の頭文字です。「目標を達成した先には何があるのか?」「何のために目標を達成するのか?」という両者の関係性が明確になっていると、モチベーションの向上と維持ができるようになります。

「T」は、「期限を定めた」を意味する「Time-bounded」の頭文字です。いくら目標が具体的で計量化できるものだったり、何のために目標を達成するのかの関連性が明確になっているものだったりしても、期限を定めていなければ、モチベーションを高く維持しながら目標達成に取り組むことは難しくなってしまいます。

「SMARTの法則」をもとに「インパクト・フィルター」の成功の基準を設定すると、90日間のプロジェクトが終わる頃に、チームメンバーが何をいつまでに達成するのか理解していなかったということを防げます。

「インパクト・フィルター」を用いて、90日ごとにプロジェクトとして取り組んでください。また、「10倍の目標」を達成するための発想を得る質問や「どうやるか」以上に「誰とやるか」という視点も取り入れ、チームによる振り返りと改善も含めて「仕組み」として続けます。

そうして1年後、3年後、5年後にどれだけ大きな成果を出すことができるかと思うとワクワクしませんか？

「10倍の目標」を達成するための「マニュアル」づくり

現時点でのベストアンサーである「マニュアル」によって生産性は大きく高まる

本書では、ユニークアビリティを発揮することや「どうやるか」以上に「誰とやるか」といった人の個性を活かして「10倍の目標」を実現するやり方をお伝えしています。そのため、「マニュアルづくり」というと、「自分らしさを発揮できない」「個性を活かすのではなく、マニュアルに書いてあることを機械のようにこなす仕事になるのではないか」「マニュアルをつくると、マニュアル通りの動きしかしないのではないか」と思われるかもしれません。

私は**「マニュアル」とは、個性を殺すものではなく個性を活かしながら生産性を高められるツール**ととらえています。

「マニュアル」は、過去に蓄積された試行錯誤の末に得られた現時点でのベストアンサーをまとめたものです。過去の知識と経験によって積み重ねた最善のやり方なので、ゼロから自分独自のやり方でやるよりも、間違いなく生産性を高められます。

「マニュアル」というお手本によって、業務や作業手順が円滑になり、悩んだりとまどったりする局面が大幅に減り、作業時間も短縮されます。

「マニュアル」をつくることで業務品質の均一化も図れます。業務に必要な知識や手順をマニュアル化し、共有すると、「そんなことは教わっていない」という情報の格差もなくすことができます。

「マニュアル」があると、教育や引き継ぎのときの「労力」というコストの削減にもつながります。業務を人に任せるためには、必ず「教える」という作業が発生します。この「教える」過程を口頭だけで行うのは効率が悪いです。というのも、教える人によって、説明の仕方が異なり、人によって理解度もさまざまだからです。

「マニュアル」によって、仕事が属人化するリスクを減らせます。チームメンバーが業務を組織や部署ごとのそれぞれの役割として認識し、「担当者が休みだと仕事が進まない」といったリスクも低減できます。

業務の担当者が病気やケガ、家庭の事情などで休みが必要になったり、何らかの理由で退職したりなど、いざというときにほかの人が引き継げるように「マニュアル」をつくっておくのは、リスクを回避するうえでも大事です。

以上から、「マニュアル」をつくることによって生産性がアップするというのが理解できたでしょう。

「10x」において「マニュアル」は、「10倍の目標」を達成するための4つ目のステップである「チームをつくって『仕組み化』する」で効果を発揮します。それぞれのチームメンバーの業務内容に基づいて「マニュアル」をつくります。

ここまでは、どの会社でも行われていることかもしれませんが、「10x」では業務内容がユニークアビリティである人が「マニュアル」をつくるので、その業務を「得意」としている人材の暗黙知を言語化した「マニュアル」となり、そこにも大きな価値があります。

「マニュアル」をつくるときには、口頭で説明しなくても伝わる内容にして、スキルや経験のない人でもミスが起きない再現性の高い内容にすることが重要です。

おすすめとしてはチェックシートの形式でマニュアルをつくることです。なぜならチェックシートを活用すると、抜け漏れがなくなり、誰がやってもミスなく、判断で迷うこともなくなり、確実に業務が終わるようにできるからです。

私は、このチェックシート形式の「マニュアル」をつくって運用するまでは、仕事を任せるまでに長い時間がかかったり、ミスや抜け漏れが多かったりしました。

けれども、業務の手順を時系列に並べてリスト化し、「マニュアル」を用いて仕事を任せるようにしたところ、新入社員でもすぐに同じクオリティでできるようになりました。

「守破離」を実践するツールとしてのマニュアル

「マニュアル」をつくって運用し、より良い方法や新しい法則を発見したら、「マニュアル」をアップデートしていきます。

「10倍の目標」を達成するためのマニュアルは、いわば「守破離《しゅはり》」を実践するためのツールです。「守破離」とは、武道、茶道といった日本の芸道や芸術、芸能などで、修業における過程を示した言葉です。

・守：師匠からの教えを忠実に守り、実行すること

・**破：師匠からの教えを実行しながらも、自分独自の方法を見出し、あるいは、ほかの流儀や情報を取り入れて、既存の型を破ること**

・**離：師匠の型、自分自身で見出した型の双方に精通し、師匠から離れて自分の流派、流儀を構築すること**

この三段階の流れが「守破離」です。人の成長の流れを表してもいて、マニュアルは、この守破離の「守」の成長スピードを促進します。

たとえば、右も左もわからない状態で入ってきた新入社員は、新人教育の場で初めて仕事のやり方を教えてもらいます。新入社員にとって、守破離の「守」として「師匠の教え」にあたるのが新人教育のマニュアルです。

守破離の「守」では、マニュアルがあることで業務の品質の効率化と均一化が図れます。

次のレベルとして、この質を上げる試みが重要です。

守破離の「守」ができるようになったら、次の「破」の段階として、マニュアル通りに実行していくなかで自分なりの解釈で、より良いかたちを模索したり、試行錯誤したりします。これを自分のユニークアビリティを活かしながらやっていくことで「個性」が出てきます。

たとえば料理の世界で、最初はレシピ通りにつくって、さらに美味しい料理を再現性高くつくれるようになった後に、自分なりのアレンジを加えてより美味しくできたり、より短時間でできるようになったりするといったこともありますよね。

こうした試行錯誤の「破」の過程を通して、ノウハウに落とし込むことができたら、「離」の段階として、自分なりのより良いやり方にマニュアルをアップデートします。

「10ｘ」に基づく考え方では、変化の激しい時代のなかで成長していくために、今までの延長線上にないクリエイティブな発想やテクノロジーの活用を重視しており、こうした要素も「マニュアル」に取り入れていきます。

通常のマニュアルづくりと「10ｘ」に基づくマニュアルづくりの違いの重要なポイントは、「10ｘ」でのマニュアルは現状維持するものではなく、より良いものへとアップデートしていくものだということです。

マニュアルはつくること、守ることがゴールではなく、守破離に基づきアップデートし、時代の変化に適応しながら進化していくことができるのです。

「10倍の目標」を達成するための「評価の仕組み」づくり

3つの評価基準

マニュアルに加えて「評価の仕組み」をつくることは、「10倍の目標」を達成するために欠かせません。というのも、**個人、チームの成果を評価し、できていることへの確認と、課題を抽出し、改善策を見出すことによって、さらなる成果につなげるための重要な役割を果たすからです。**

「業績」「能力」「行動」の3つが評価基準になります。

・業績評価

業績評価では、対象期間における職務担当者の目標達成度を評価します。「ＳＭＡＲＴの法則」をもとに数値化された目標達成率や成功の基準だけでなく、目標設定の妥当性や組織への貢献度、目標達成に向けた周囲との協力体制なども評価に加味します。

業績評価では「インパクト・フィルター」で設定した成功の基準に関して、プロジェクトリーダーとして、またはチームメンバーとしてどれだけ達成に貢献したかについても評価の対象になります。

・能力評価

能力評価では、職務担当者が持つスキルや資格を評価します。対象期間中に職務に求められるスキルや資格を取得した場合、それらを職務で活用した場合が評価の対象になります。このような能力評価によって、職務担当者のユニークアビリティをさらに伸ばすことができます。

・行動評価

行動評価では、日々の勤務態度などを評価します。業務評価や能力評価では評価しきれない組織が重視するポイントを行動評価の項目に入れます。

また、行動評価においては、チーム内のコミュニケーションも評価します。これも「10x」に基づいて自分ひとりで仕事を抱え込むのではなく、チーム内のコミュニケーションを円滑にして、チームメンバーのそれぞれのユニークアビリティを発揮し協力し合うための評価基準とすることを意図しています。

「10倍の目標」を達成するには1人ではなくチームで仕事を行うため、個人だけでなくチームとして評価をしていきます。

このような「評価の仕組み」があると、個人としての目標達成度を確認できるとともに、どれだけチームに貢献したかも把握できます。

以前の私が携わるプロジェクトで「評価の仕組み」がなかったときは、成果や能力、行動が適切に評価されず、フィードバック自体もなかったため、社員がやる気を失うケースも少なくありませんでした。

チーム全体の連携もなく、スキルや貢献度に見合った報酬もなかったため、優秀なメンバーがほかの会社に転職してしまうということも起きてしまいました。

「評価の仕組み」を導入したところ、評価する基準が明確になったことで、チームメンバーも何をどう頑張ればいいかが理解でき、モチベーションも向上し、チーム内のコミュニケーションも増え、連携もとれるようになりました。

このような経験からも、「評価の仕組み」は、組織の成長には不可欠だと感じています。

本書は人事評価制度づくりの専門書ではないため、これ以上の評価制度づくりの詳細には触れませんが、**「10倍の目標」を達成する「評価の仕組み」づくりの重要なポイントとしては、「10倍の目標」へ向けての個人の目標設定と評価の基準を明確にすることです。**

そして、**個人だけでなくチームとしての業績評価が対象になること、ユニークアビリティを発揮した能力評価であること、チームとのコミュニケーションを円滑にする行動評価も取り入れることをしっかりと押さえましょう。**

「評価の仕組み化」づくりが、あなたのユニークアビリティであれば自ら取り組んでも良いでしょう。そうでなければ、「どうやるか」以上に「誰とやるか」を考え、「評価の仕組み」づくりをユニークアビリティとする「誰か」に任せてください。

完璧を目指すよりも「最善主義」のほうがタイムパフォーマンスは高い

あなたは完璧主義ですか？　それとも最善主義ですか？

「やらなきゃと思っても、なかなか取りかかれない」
「いつも書類などの提出が期限ギリギリになってしまう」
「プレゼンではミスしないように完璧な資料をつくらなければいけない」

あなたには、このような傾向はありますか？
完璧に仕上げなくては、と思えば思うほど行動するのが遅くなってしまったり、その行為自体がストレスになってしまったりします。じつは、私も以前はこのように考える完璧主義に陥っていました。

完璧主義でこだわりを持って質の高い仕事をするという点は、とりわけ職人やアーティストのような職業では、プラスに作用します。

ただ、完璧主義の人は、仕事でも成果が出やすいため、一見すると問題がないように思われますが、完璧主義のデメリットにも目を向ける必要があります。

完璧主義の人は、責任感が強く妥協しない、目標までの道は直線、失敗を恐れる、物事や出来事に対して「～であるべき」「～するべき」といった考え方をする傾向があります。

完璧主義の人が見ている世界は両極端しか存在せず、完璧でなくなると気持ちが折れてしまったり、燃え尽きてしまったりしがちです。

とくに「仕組み化」において問題になるのは、完璧主義ゆえに起こる「先延ばし」です。やらなければと思いながらも、なかなかやり始めることができず焦りが募ってしまい、さらに期限が迫ってくると「これでいいのか？」と不安になってしまいます。

完璧を目指そうとすると、失敗を恐れてどうしても行動にブレーキがかかりやすくなってしまうのです。


そこで、**「最善主義」**の考え方を意識することをおすすめします。「最善主義」とは、その時点での最善を尽くす考え方で、複数の選択肢を考え出して最善を選んで実行し、失敗したとしてもそこから学び、成長の糧にして、最善を尽くし続けることに価値を置く考え方です。

とくに自分に完璧主義の傾向があると思う方は、「最善主義」の考え方を意識してみてほしいのです。とは言っても「そんな簡単に完璧主義を変えられない」と思われる方もいると思います。

次は、完璧主義を抜け出すために役立つ質問です。これらの質問を自分に問いかけてみてください。

・完璧主義でいる利点は何ですか？

・完璧主義でいるために払っている代償は何ですか？

・完璧主義でいることで、周りの人にとってどのような良い影響がありますか？

・完璧主義でいることで、周りの人にとってどのような悪い影響がありますか？

・完璧主義の特徴で維持したいと思うことにはどんなことがありますか？

・完璧主義の特徴で取り除きたいと思うことにはどんなことがありますか？

タイムパフォーマンスを高める「80パーセントルール」

臨機応変に、かつ柔軟に「仕組み化」を進めていくべく、完璧主義をやめるための効果的な方法として、「10x」に基づいた考え方では「80パーセントルール」があります。

1人でフィードバックなしで仕事を完璧に完成させようとするよりも、アイデアを早い段階でチームメンバーに共有して、フィードバックをもらい、仕事の80パーセントに到達することを目指すのです。

たとえば、0パーセントから80パーセントに比べて、80パーセントから90パーセント、90パーセントから100パーセントとなるにつれ、より仕事の精度が求められます。

一方、「80パーセントルール」だと、自分ひとりで100パーセントの仕事を完了しようとするのではなく、早い段階でアイデアを共有し、チームのメンバーからフィードバックをもらいながら、結果的に仕事が速く進み、より良いものができます。
また、完璧主義によって先延ばしにしてしまう問題も、チームメンバーからの励ましや協力を受けると、ある種の強制力も働くことで、先延ばしせずに仕事に取り組めるようになります。
以前の私は、100パーセントになるまで誰にも頼らず最後まで仕事を完了しようとしていました。この「80パーセントルール」を知って実践するようになってから、完璧主義を手放すことができ、ほかの人の力を借りることでタイムパフォーマンスの高い仕事ができるようになりました。

この「80パーセントルール」を実践する過程でも「4つのC」が効果的です。まずは仕事を終わらせると決意して、勇気を持ってほかの「誰か」の力を借りてください。

未完成の仕事があることをチームメンバーに話したり、協力を求めたりするのは完璧主義の人であればとくに勇気がいると思いますが、一度この「80パーセントルール」を実践できるようになると、仕事が速く進み、かつ精度も高くなります。

本章では「10倍の目標」を達成するための4つ目のステップとして、チームをつくって「仕組み化」するやり方をお伝えしてきました。これらの「仕組み化」も、いきなり完璧を目指すのではなく、「最善主義」の考え方で「80パーセントルール」を取り入れて行ってください。

「80パーセントルール」によって、早い段階でチームメンバーに自分のアイデアを共有し、フィードバックを受け、創造性とチームワーク、イノベーションを促進することができます。チームメンバーにアイデアを共有するのが早ければ早いほど、より良いアウトプットが生まれます。

10x

第6章

「10x」を習慣化すると、「豊かな生き方」が手に入る

実際に「10x」で事業の売上が10倍になった

事業の売上が10倍以上になった2つの事例

「10x」に基づいた働き方をすることで、やりたい仕事で10倍の成果を出しながら自由な時間を増やすことができるようになった事例を紹介します。

次は私自身の事例で、経営に携わっている医療分野の会社、フィンガルリンクの事業の売上が実際に10倍以上になりました。

事例1　ミリ波レーダー事業

1つ目の事例は「ミリ波レーダー」の事業です。少し専門的な話になりますが、医療機器の開発から販売の事業で10倍の売上を達成したケースです。

1「10倍の目標」を立てる

フィンガルリンクでは、医療機器を中心に開発しています。けれども、既存の医療機器の開発事業としては、市場が成熟していることや競合との競争で、7年間、前年比＋10％以上に成長できずにいました。どうしたら、より大きな成長をできるのかが課題でした。

そこで、それまでの延長線上で開発をするのではなく、医療機器という枠を超えて、売上が10倍になるポテンシャルのある事業を「10x」に基づいて考えました。

技術に特化した開発部で**「10倍の目標を達成するには、どんなテクノロジーを活用できるか？」**を考えた結果、「ミリ波レーダー」の開発に着手することになりました。

「ミリ波」とは波長が1～10ミリ、30～300GHzの周波数帯の電波で、乗用車の安全装備などにも使われ、動体検知に優れる技術です。

「ミリ波レーダー」の事業に取り組むことによって、開発部全体で10倍の売上を達成するという目標を立てました。

2 「好き」「得意」「人の役に立つ」「お金を生む」という4条件に特化する

「10倍の目標」を立てた後に、「ミリ波レーダー」の事業に携わるチームメンバーを決めました。まずはプロジェクトのリーダー、そして技術、営業、マーケティング、経理、顧客サポートの役割担当ごとに「好き」「得意」「人の役に立つ」「お金を生む」という4条件に特化したチームメンバーを社内から選びました。

3 「どうやるか」以上に「誰とやるか」を重視する

「ミリ波レーダー」の開発を進めるにあたっては、専門知識と経験のある開発者を探しました。というのも、これまでの開発部のメンバーでは「ミリ波レーダー」の開発をするのは難しかったからです。「どうやるか」以上に「誰とやるか」を重視して、社外から「ミリ波レーダー」の開発のユニークアビリティを持つ開発者を採用しました。

4 チームをつくって「仕組み化」する

共通の目標の達成に向けてチームで事業に取り組みました。そうして開発した「ミリ波レーダー」で室内の対象者の心拍数や呼吸数、睡眠の質などを24時間計測できるようになりました。

この「ミリ波レーダー」の開発により、導入先として個人や医療機関、介護施設、警備会社など販売先の対象が広がりました。

個人利用では、健康を不安に感じる本人はもとより、離れて暮らす家族の健康管理に使用することも可能です。また、病院などの医療現場では、入院患者の健康管理、介護施設では入所者の健康管理、保育施設では園児の動向監視などにも適しています。警備会社が導入すれば、警備サービスのメニューとして利用者の健康管理という付加価値を提供することもできます。

販売先の対象が広がり、「ミリ波レーダー」の医療機器の分野以外での販売を強化する営業のチームメンバーも加わりました。

「ミリ波レーダー」の販売についてのプレスリリースを出したところ、多くの顧客から引き合いがありました。その結果、「ミリ波レーダー」の販売と導入が進み、さまざまなメーカーのデバイスとの連携や3Dアプリ開発をはじめ、新規事業の開発が必要になりました。新たにそれらのユニークアビリティを持つ開発者を採用し、さらなる開発を進め、社会に貢献できるシステムとして進化しています。

結果、「ミリ波レーダー」の開発に着手する前に比べて10倍以上の売上を達成しました。

事例2　遺伝学的検査事業

2つ目の事例は、「遺伝学的検査事業」での売上を10倍に達成したケースです。

1「10倍の目標」を立てる

フィンガルリンクは、登録衛生検査所として不育症（流産や死産を繰り返す症状）に関わる血液検査を行う事業も展開しています。この事業は安定的なビジネスとして定着はしていましたが、1つ目の事例と同様に、従来の延長線上ではなく、「10x」に基づいて、いかに売上を10倍以上にするかを考えました。ここでは、とくに**「10倍の目標を達成するには、どんな成功事例に学べるか？」**という問いがヒントになりました。

2「好き」「得意」「人の役に立つ」「お金を生む」という4条件に特化する

この問いをもとに日本の検査の市場について、私のユニークアビリティである情報収集によって、「遺伝学的検査」の分野が伸びていることがわかりました。「遺伝学的検査」とは、個々人の特定の遺伝子や染色体について、何らかの変異が起こっていないかを調べるための検査です。遺伝性疾患の発症や親から子への継承に関わるような遺伝的状態を確認したり、特定の遺伝性疾患の可能性を除外したりすることができます。

3 「どうやるか」以上に「誰とやるか」を重視する

私は定期的にアメリカやヨーロッパの検査の学会を訪れており、欧米で「遺伝学的検査」の技術や機器が発展し、需要とともに、ビジネスが伸びていることを把握していました。

そのような経緯からフィンガルリンクの検査事業で「遺伝学的検査」も取り扱うことにしました。とは言っても、ゼロから「遺伝学的検査」の事業を立ち上げるのは簡単なことではありません。そこで、「遺伝学的検査」の分野でトップクラスの実績がある米国のInvitae Corporation（インヴィテ）とコラボレーションすることにしました。

インヴィテは世界100カ国以上の国々で「遺伝学的検査」を提供していて、フィンガルリンクよりもはるかに規模が大きい企業です。なぜコラボレーションできたかというと、フィンガルリンクは衛生検査所のライセンスがあり、これらをサポートできるユニークアビリティを持つスタッフがそろっていたからです。

日本でインヴィテの提供する「遺伝学的検査」は臨床研究の一環で発注者が個別にインヴィテに直接検査を依頼し、検体を海外に発送する必要がありましたが、現在は衛生検査所であるフィンガルリンクを通して自費診療や保険診療の一部として、インヴィテの「遺伝学的検査」を日本で手軽に依頼できるようになっています。

4 チームをつくって「仕組み化」する

インヴィテとコラボレーションをすることが決まってから、フィンガルリンクで「遺伝学的検査」の事業を立ち上げ、専門性を持つスタッフを採用しました。

この事業には既存の検査部門の営業メンバーが加わり、各自の役割とユニークアビリティを活かした1つのチームとして取り組んだ結果、国内の多くの医療機関で導入が決まり、1年で10倍の売上を達成しています。

「10倍の目標」を達成した共通点

ほかにも「10x」をもとに「10倍の目標」を達成した事例はありますが、代表的な例として2つの事業を挙げました。**これらに共通するのは、「10倍の目標」の設定、事業に関わるすべての人が「好き」「得意」「人の役に立つ」「お金を生む」という4条件に特化し、「どうやるか」以上に「誰とやるか」を重視し、チームをつくって「仕組み化」をしたことです。**

「10倍の目標」を立てるにあたっては、これまでの延長線上ではなく、「どんなテクノロジーを活用できるか？」「どんなコラボレーションができるか？」「どんな成功事例に学べるか？」

といった「10x」に基づいた問いが現状を打開するきっかけになりました。

これらの事業には私もプロジェクトリーダーやチームメンバーとして関わっています。テクノロジーを事業で活用することも私のユニークアビリティです。

革新的なテクノロジーの情報収集を常に行い、国内外の学会や展示会に実際に足を運んでコラボレーションできるパートナーを探しています。そうした行動を積み重ねて、「10倍の目標」を達成することができる可能性のあるパートナーが見つかりました。

「10倍の目標」の達成は、会社の事業に関わる1人ひとりが「10倍」という大きな目標に向かって、それぞれの「好き」「得意」「人の役に立つ」「お金を生む」活動に情熱を持って取り組んできた成果です。

ただ、すべてが順調だったわけではなく、挑戦してもうまくいかなかったことも経験しています。世の中になかった唯一無二の価値を生み出せる新規事業に取り組んだにもかかわらず、提携した会社が支払いに必要な資金不足で倒産してしまい、その後の対応に苦労したこともありました。

けれども、失敗を恐れて挑戦しないと成功の機会を逃してしまいます。ユニクロの創業者である柳井正氏は著書『一勝九敗』（新潮社）の中で、「10回新しいことを始めれば9回は失敗する。しかし、１の成功の積み重ねが今日のユニクロをつくっている」という趣旨のことを述べ、深く納得します。

多くの挑戦をすれば、それだけ失敗もありますが、挑戦したほうが成功する確率は格段に高まります。

「10倍の目標」を達成する４つのステップを実践することで大きな成果を達成できる成功確率が高くなっているのは事実です。それというのも、「10倍の目標」に近づくべく注力するというのは、思考が非常にシンプルで明確になって行動するからでしょう。

もし私が、それまでの延長線上でこれらの事業に関わっていたら、既存の事業やそれまでのやり方に固執して、少しでも成長させるために長く多く働くということをしていたでしょうし、チームメンバーにもそれを求めていたと思います。

そして、そのような働き方を続けていたとしたら、＋10％以上の成長はできたかもしれませんが、10倍の成果を出すことはできず、その事業に関わる人たちが疲弊してしまっていたでしょう。

「10ｘ」の「10倍の目標」を達成する４つのステップの実践によって、長く多く働かなくても10倍の成果を出すことが可能になるのです。

「10倍の目標」を達成した個人の事例

小規模なケースでも「10倍」は可能

これまで私が紹介した「10倍の目標」を達成した事例は、特定の分野で100人以上の人が関わる会社の事例でした。そこで今度は、小さな規模で「10倍の目標」を達成したケースも紹介します。

私は医療分野の会社2社の経営に携わるとともに、仕事の生産性を上げることに特化したコーチングの会社、株式会社ハイパフォーマンスの代表を務めています。

会社を設立するまでは、個人で1on1のコーチングを会社員や経営者を対象に行ってきました。このため、コーチングのセッションの申し込みが増えるにつれて、私自身が忙しくなってしまいました。

「世界で1万人のハイパフォーマーを活躍させる」というビジョンをもとに、私のコーチングを受けたクライアントから「仕事の生産性が上がり、結果を出すことができました」「家族との時間をつくれるようになりました」といった報告を受けること自体はうれしかったのですが、このままのやり方でコーチングを続けると、私自身の時間がひっ迫してしまうため本末転倒になってしまうと思いました。

そこで、どうしたら長く働き続ける以外の方法で、10倍の成果を出すことができるかについて、ここでも「10x」に基づいて考えました。

1 「10倍の目標」を立てる

このとき私が立てた「10倍の目標」は「クライアント数を10倍にする」というものでした。最初のステップとして、「10倍の目標」を立てるにあたり、『10倍の目標』を達成するには、どんな課題があるか?」も考えました。

しかしその後、自分ひとりで1on1のコーチングを続けるやり方では、クライアント数を10倍にすることは不可能だと思いました。1対多のグループコーチングも行ったのですが、多忙な状況は変わらず、とうてい10倍の成果は出せないからです。

②「好き」「得意」「人の役に立つ」「お金を生む」という4条件に特化する

次に、『10倍の目標』を達成するには、どんな成功事例に学べるか？」という問いから、成功事例を調べたところ、アメリカではコーチが直接クライアントにコーチングをしなくても、そのコーチングメソッドを学び、認定を受けることで、学んだ人がコーチとしてクライアントへコーチングができる仕組みがあることを知りました。

この仕組みを活用し、コーチングを受けたお客様の中で、仕事の生産性を上げることに特化したコーチングをすることに興味のある人たちに声を掛け、私の代わりにコーチングをしてもらうことにしました。その人たちはコーチングをすることが「好き」「得意」「人の役に立つ」「お金を生む」ことなので、喜んで引き受けてくれました。

それによって、私が１on１でコーチングをしなくても、多くの方へコーチングを提供できるようになりました。

③「どうやるか」以上に「誰とやるか」を重視する

この仕組みを取り入れるまでの私は「自分ひとりでどうやるか？」に固執していたところがありました。けれども、「どうやるか？」以上に「誰とやるか？」を重視したところ、自分以外にコーチングをしてくれるチームメンバーによって多くの人にコーチングセッションを提供しながら、自由な時間をつくれるようになりました。

支払いや経理に関わる業務は専門の会社に外注しました。集客については、集客をユニークアビリティとするマーケティングの会社に外注しました。

4 チームをつくって「仕組み化」する

「チームをつくって仕組み化する」ステップで、それまで個人で行っていたコーチングの活動を法人化しました。私の代わりにコーチングを行ってもらうために、コーチングセッションのやり方のマニュアルをつくり、担当のコーチがマニュアルをもとに再現性高くコーチングのセッションをできるようにもしました。

また、プロのコーチを養成するための講座をつくり、その講座を受けた方は当社の認定を受けて、コーチングを提供できるようにしました。認定コーチがセッションを行った場合には契約に基づき対価を支払い、定期的に進捗確認や改善のためのミーティングを行う仕組みも取り入れました。

この結果、さらに多くの方にコーチングセッションやコーチの養成講座の申し込みをいただきながらも、私はコーチングセッションや支払い、集客で多忙にならない仕組みをつくりました。１人でコーチングを行っていたときと比べると、多くのクライアントへコーチングや講座を提供できるようになり、10倍の成果を出しながらも、自由な時間を増やすことができています。

このように、**個人でも「10倍の目標」を達成する４つのステップを実践し、長く働く以外の方法で10倍の成果を出しながら、自由な時間を生み出すことは可能です。**

「10倍の目標」を達成するテクノロジーの活用

小さな規模で「10倍の目標」を達成したもう１つの成功事例を紹介します。「10倍の目標」を達成するテクノロジーの活用についてです。

私はYouTubeの「しゅう社長」チャンネルでコーチングや仕事の生産性を高める方法についての動画を配信しています。これも10倍の仕事の成果を出すことができるようになった活動の１つです。

YouTubeを始めるまでは、集客のために定期的にセミナーを行っていたのですが、セミナーの準備や運営に相当の時間や労力がかかります。セミナーを開催すれば、売上は増えますが、その分忙しくなってしまうというジレンマに陥っていました。

1 「10倍の目標」を立てる

そこで「10倍の申し込み者数を増やす」という目標を立て、セミナーの回数をそれ以上増やすのではなく、長く働く以外の方法で『10倍の目標』を達成するには、どんなテクノロジーを活用できるか?」を考えたところ、YouTubeでハイパフォーマンスの価値を提供できる動画を発信することにしました。

というのも、セミナーを開催した場合、私やチームメンバーがセミナーの準備や運営をする必要がありますが、YouTubeの場合、一度動画を配信したら、興味のある視聴者にいつでも見てもらえるからです。

2 「好き」「得意」「人の役に立つ」「お金を生む」という4条件に特化する

私のユニークアビリティは「価値があると思うことを人に伝えること」で、動画の撮影に情熱を持って取り組むことができました。

3 「どうやるか」以上に「誰とやるか」を重視する

動画の編集については何度か取り組んでみたのですが、「好き」でも「得意」でもありませんでした。そこで、「どうやるか」以上に「誰とやるか」を考え、動画の編集をユニークアビリティとする外部の動画クリエイターに任せることにしました。

④チームをつくって「仕組み化」する

「チームをつくって『仕組み化』」では、私が動画を作成した後、動画クリエイターに動画データを送り、編集が完了するまでのスケジュールを設定し、定期的に継続して動画を配信するサイクルをつくりました。

また、動画の編集の担当者は、情報収集やリサーチ、分析にもユニークアビリティがあり、毎月、動画の改善のためのレポートを作成し、レポートを参考に動画の内容を改善してくれます。さらに、集客を外注しているマーケティングの会社は、YouTubeの動画を視聴した方が当社のプログラムに興味を持った場合、コーチングのセッションやコーチ養成講座に申し込みできる集客の導線を構築してくれました。

YouTubeで動画を配信するまでは、毎月、セミナーの準備や運営のために40時間ほどの時間を要していましたが、現在はYouTubeで毎月８００時間以上動画を視聴していただき、

20倍以上の配信時間を提供できるようになりました。

そしてその結果、セミナーをしていたときよりも申し込み者数も10倍以上に増えました。

セミナーの場合には私やチームメンバーはその場にいる必要がありますが、YouTubeの場合は動画を公開すれば、自動的に視聴される仕組みになっています。

このYouTubeチャンネルは2024年3月の時点で5000人を超える方々に登録していただいています。私は万人規模のインフルエンサーではありませんが、それでも毎月800時間以上、YouTubeで私の動画を視聴していただき、「コーチングを学びたい」「プロのコーチになりたい」「仕事の生産性をもっと高めたい」という方から当社のコーチングプログラムやコーチの養成講座への申し込みをいただいています。

毎月800時間以上のセミナーを行うことは不可能ですが、YouTubeのテクノロジーとプラットフォームを活用することで、長く働き続ける以外の方法で仕事の生産性を10倍以上にできるようになったのです。

プライベートでは「目標を達成しながら、平日は5時までに帰宅」も実現

「10x」を学ぶまでは、先述したように毎日朝早くから夜遅くまで仕事をして平日はほとん

ど妻と子どもたちと過ごす時間がなく、週末も仕事をする日々が続く生活でした。

そうした仕事に人生を捧げるような生活が変わる大きなきっかけになったのは、「10x」の4つのステップに沿って、まず「ABCモデル」のA、Bの仕事はそれらを「好き」で「得意」な人に任せ、自分はCのユニークアビリティを発揮できる仕事に注力するようにしたことです。その結果、1日の仕事量が大幅に減りました。

また、チーム全体がユニークアビリティに集中して取り組んでいくと、みんなの仕事時間が減りながら成果は大きくアップするという劇的な変化が起こりました。そうして、平日は午後5時までに帰宅して、週末は家族とゆっくり過ごせる生活になったのです。

平日に家族と夕食を一緒にとることができる生活に憧れていたので、そのようなライフスタイルが実現できたことを今はとてもうれしく思っています。仕事の状況によっては、ときに夜が遅くなったり、週末に仕事をしたりすることもありますが、「10x」によってライフスタイル自体が大きく変わり、大切な人との時間を過ごせるようになったことは事実です。

「10x」に基づいた働き方によって、私がライフスタイルを変えることができたように、本書を手に取ってくださったあなたにも、次項以降で「10x」を習慣化するポイントについて触れていきますので、10倍豊かな人生を手に入れてほしいと心から思っています。

現在は過去の延長線上にあるが、未来は過去の延長線上にあるのではない

今までと違う結果を出したければ、今までと違う行動をする必要がある

「同じことを繰り返しながら違う結果を期待すること、それを狂気という」

これはアインシュタインの名言だとよく言われている言葉です（本当は違うという説もあるようですが）。言い得て妙ですね。人は「過去の思考パターンと行動パターンを繰り返す」傾向があるものですから、ドキッとさせられます。

これまで本書で「10x」に基づいた考え方でも触れてきた通り、今までとは違う成果を出したければ、今までとは違う思考や行動をする必要があります。

1つ目のステップ：「10倍の目標」を立てる
2つ目のステップ：「好き」「得意」「人の役に立つ」「お金を生む」という4条件に特化する
3つ目のステップ：「どうやるか」以上に「誰とやるか」を重視する
4つ目のステップ：チームをつくって「仕組み化」する

これらはあなたにとって、今までとは違う考え方、行動ではないでしょうか？

この「10X」に基づいた行動が習慣になると、今までと違う成果を出すことができるようになります。

そこで、「10X」を実践し、習慣となるまでのアドバイスをしていきます。

「セルフイメージ」を明確にすると、この先進んでいきたい道が姿を現す

私は今、週末は家族と湘南の海岸で散歩をしたりサーフィンをしたりしてゆっくり過ごしています。

鎌倉へ引っ越してから、何度海に訪れても飽きることなく、海を見るたびに気持ちが上が

ります。

散歩している間に子どもたちが蟹を何匹も捕まえてきて「よく捕まえられるものだなぁ」と思いましたが、こうして子どもたちが自然と触れ合うことができる環境で子育てができることを幸せに思います。

じつは、かつてこうした海に近い場所に家を建てて暮らしたいと、なんとなく漠然と憧れを持っていました。

その憧れが現実に変わったのも「10x」によってです。理想のライフスタイルをイメージして明確にしていったからです。

当然、そこには海の近くに家を建てて住む、という決断と、そのための行動があったのですが、イメージ化してから行動に移すまではあっという間でした。

「自分自身をどのように見ているか」という自己像のことを「セルフイメージ」と言います。振り返ると、海に近い場所で暮らす、というライフスタイルを実現できたのは「セルフイメージ」を明確にしたことがきっかけだったと思います。

過去から現在、未来から現在という2方向からの自己分析は「セルフイメージ」を明確にするために行います。

・今まで自分がどういう人生を歩んできたのか
・自分がなりたい将来像はどのようなものか

これらを突き詰めていくことによって自分の現在の姿がより明確になっていきます。そして、この先、自分が進んでいきたい道が姿を現してきます。

イメージするにあたり、私が大事にしている考え方があります。

「現在」は「過去」の延長線上にあるが、「未来」は「現在」の延長線上にあるのであって、「過去」の延長線上にあるのではない。

多くの人は、「過去」と「未来」がつながっていると考えてしまう傾向があります。

「過去」と「現在」はつながっています。

「現在」の自分はまぎれもなく、これまでの「過去」を生きてきた結果として存在しています。

しかし、**「未来」は「過去」の延長線上にあるのではありません。**「現在」と「未来」がつながっているのです。なぜなら、「現在」と「未来」をつなぐ「セルフイメージ」は自分しだいで変えることができるからです。

自分が望む「未来」を実現するために大事なのは、まず今ここに存在している自分という存在を、自分がどう見ているかということです。

「セルフイメージ」が低ければ、自分の持つユニークアビリティを十分に発揮できなくなります。その先に待っているのは変わらない現実です。

一方で、「セルフイメージ」が高ければ、自分の持つユニークアビリティを最大限に発揮できます。その先に待っているのは、なりたい自分であり、望む結果です。

自分自身に対する見方を変えると、人生の景色はまったく違う色に見えてきます。「セルフイメージ」によって、人生は自分が望む方向に動いていくのです。

現代人が慢性的に陥っている「時間が足りない」問題

10x

時間不足に陥る原因となる「時間の罠」

「今」を充実したものにすべく進む際の妨げになるのが、現代社会に生きる私たちが「時間が足りない」というプレッシャーにさらされていることです。

「忙しくてなかなかやりたいことができない。もっと時間があれば」
「日々、時間に追われている」

その結果、大きなストレスを抱えてしまったり、心身の健康を保てなくなったりして、大切な人と良い関係を築けなくなってしまうということも起きてしまいます。私自身も過去にそのような経験があり、多くの人が現代社会で、そうした状況に陥っています。

「時間が足りない」というテーマに関わる研究やレポートも数えきれないほど存在しています。そして、実際に「時間が足りない」ことについて悩んでいる人も多くいます。

何百、何千万人もの人たちが、この「時間不足」を解決しようと試みていますが、「時間不足」は、テクノロジーの進化のスピードが速い現代社会に生きる私たちの共通の未解決の問題となっています。この現代人が陥っている状況を「時間の罠」として、大きく3つの要素から説明します。

時間の罠1：テクノロジーの進化により24時間「つながっている」状態にある

テクノロジーの進化によってスマホやタブレット端末、ソーシャルメディア、クラウドなどが普及し、私たちができることの幅が広がり、利便性も上がりました。

その結果、私たちのライフスタイルやワークスタイルの幅広い場面において変化をもたらし、どこにいても24時間「つながっている」状態にあります。これは、多くの人々にとってポジティブなこととしてとらえられ、社会的にも「つながっている」状態である環境を増やすために多額の投資が行われてきました。

一方で、「つながっている」状態にあることはネガティブな側面もあります。こうしたテクノロジーの進化によって、急な誰かの依頼に対応しなければならないことも少なくありません。

多くの人たちが24時間「つながっている」状態にあることで、仕事とプライベートの境目がなくなり、仕事の生産性が向上する以上に、多くの要求や通知に圧倒されるようになってしまいました。

時間の罠２：膨大な量の情報にさらされている

私たちは、いわゆる「情報化社会」に生きています。ある専門家は「大都市で働く平均的なビジネスパーソンが日常で受け取る情報量は、18世紀に生きていた人が人生を通して受け取る情報量と同じだ」と述べています。

新しいテクノロジーを活用して、すべての領域において、情報を生み出し、記録し、送信することがより簡単かつ安価にできるようになりました。インターネットの進化により、世界中に何十億人いるユーザーとともにやりとりする情報量は18カ月ごとに倍になっているそうです。

多くの人は、この膨大な情報の海を泳いでいるようなものです。毎日、人々は本当に事実に基づいているかどうかわからない情報の波にもまれて泳いでいます。

そして、その膨大な情報から、自分にとって必要な情報を選択するために多くの人々の注意やエネルギー、そして時間が費やされています。

日々、膨大な量の情報にさらされていることは、現代社会の大きな問題の1つです。結果、膨大な情報にさらされ、取捨選択できない情報中毒者が増えているのです。

時間の罠3：限られた時間の中で多くの選択を迫られる

受け取る情報の量が増えるなかで、私たちは多くの選択を迫られます。

「私（または当社）の商品を選んでください」

「いや、私の商品を選んでください」

「いや、私の商品のほうがもっと新しいです」

「私の商品のほうがもっと速くできます」
「私の商品のほうが安いです」

毎日絶え間なく、商品やサービスの売り手が、対象とする見込み客へ向けて、認知を広め、注意を引こうとします。

人生のあらゆる領域において、人々が選択を求められる機会が増えています。もし、人々が使える時間が増え続けるのであれば、それほど問題にはならないかもしれませんが、私たちが1日のうちに選択をするために使える時間は限られています。

こうした**「時間の罠」のある現代社会だからこそ、働く時間を減らしながら「今」に注力して10倍の成果を出すという「10x」の時間の使い方が有効になるのです。**

実際、私がストラテジック・コーチ社で出会った10倍の成果を出している人たちは、「時間の罠」に陥ることなく、時間と成果の比例関係から抜け出し、「10x」に基づいて10倍の成果を出しながら自由な時間を持つことができています。

「10倍豊かな人生」を手に入れる「時間の使い方」

「10x」に基づいた「時間の使い方」

「10x」に基づく「時間の使い方」は、自分の意志で決め、次の3つのことを可能にします。

1 仕事とプライベートの両方を充実させることができる
2 自分のユニークアビリティを発揮して、最高の生産性と達成、貢献、満足感を得られる
3 自分のユニークアビリティを経済的な価値に変換することができる

この「10x」に基づく「時間の使い方」を実践することで、「時間の罠」も回避できるようになります。

仕事の生産性を高め、自由な時間を生み出す3種類の日

「10x」に基づく「時間の使い方」は、「集中の日」「予備の日」「自由の日」の3種類の日で構成されています。

集中の日：自分にとってユニークアビリティを活かせる最重要の活動、とくに収益性のある活動を行う日。この日には「好き」で「得意」で「人の役に立つ」「お金を生む」活動にフォーカスする。

予備の日：ビジネスを運営するためのルーティンの書類仕事、スケジュールを立てる、仕事を任せる、引き継ぐ、仕事関係の研修や教育活動を行う日。

自由の日：心身の活性化のための日。仕事をいっさいせずに家族や友人、地域の人たちや

同じ興味を持つコミュニティの人たちと過ごし、レジャーや余暇、慈善活動などを行う。仕事以外のメールやメッセージ、電話、考えごとはこの日にする。

私がストラテジック・コーチ社で学んだこの3種類の日は、1年間365日で「集中の日」は135日、「予備の日」は80日、「自由の日」は150日の割合を基準としています。ただ、この3種類の日を実践し、周りの人にも教え、実践してもらったところ、人によってはそのまま実践するのは難しい点もあるように感じ、次のようにカスタマイズしています。

1点目は、「自由の日」に仕事をいっさいしない、というのを実践するのは簡単ではないと感じたことです。

私は「自由の日」を取り入れようとしたとき、仕事をいっさいせずに過ごそうと意気込んでいたのですが、最初はまったくうまくいきませんでした。

というのも、「自由の日」にどうしても仕事のことが気になり、仕事のメールやチャットツールを開いたとたん、返信が止まらなくなってしまいました。そして気づけば1日の大半が終わってしまっている、ということもざらにありました。

休みの日は、出勤日に比べて時間に余裕があり、この時間を使って遅れている仕事をしたり、まとまった時間を使って資料づくりをしたりするのが習癖になってしまっていました。

また、休みの日に仕事などの依頼が入ってきたときは、なるべく休み明けに連絡するようにしたり、自分が休み中であることを通知できるITツールを使ったり、休み中には別の担当者が代わりに対応できる体制にしたりしていますが、緊急の仕事が入って、対応せざるを得ないケースもありました。

とはいえ、休みの日にも仕事をしているとオンオフの切り替えがないため、心身の疲れが取れず、クリエイティビティを活かした発想ができなくなってしまったり、仕事に対して受動的な姿勢になりやすいのも事実です。

そこで、「自由な日」に仕事をしないというのも、まずは100パーセント完璧ではなく、80パーセントくらいを目指しましょう（80パーセントルール）。

2点目は、「自由の日」は1年のうちで150日が基準ということで全体の約4割を占めますが、これだけの日数を「自由の日」にするには、やや基準が高いように感じました。

とくに日本では週末の休みと祝日を足すと、年間休日は約120日くらいとなり、全体の約3割が休日となります。この場合、夏季休暇や年末年始の休暇は入っていないので、もう少し休日が増えますが、150日の「自由の日」を取得できるようになるにはハードルがあるように思えました。

本書でお伝えしている「10x」に基づく「時間の使い方」を実践することで「自由の日」を増やすことができるようになりますが、ここでも「80パーセントルール」を適用して、最初から完璧にできていなくても問題ありません。

3点目は、ストラテジック・コーチ社のプログラムの受講生の中には2週間や3週間連続で「自由の日」を過ごす人もいましたが、日本でこれが最初からできる人はなかなかいないことです。私は、「自由の日」は連続的に取得しなくても、疲れを癒し、活性化できる頻度で取得できればいいととらえています（と言いながらも、「10x」を実践して上手に仕事を人に任せられると、2週間や3週間連続で「自由の日」を過ごすことも可能になります）。

この3種類の日については、自分には1週間のうちで「集中の日」「予備の日」「自由の日」の3種類の日を設定するというやり方が合っているという人もいました。

たとえば、1週間のうち、火曜日、水曜日、木曜日の3日間は「集中の日」、月曜日と金曜日は「予備の日」、土曜日と日曜日は「自由の日」といったような設定です。ストラテジック・コーチ社が推奨する割合とは少し異なりますが、私はこのやり方も人によっては実践しやすいと思っています。

いずれにしても、**3種類の日のバランスを意識して過ごすことが大切です。**

「集中の日」には最重要の仕事をする

10x

「ベストな結果」を達成するには、どうすればいいか？

「集中の日」は、仕事をする日の中でも「ベストな結果」を達成するための日です。では、「ベストな結果」を達成するには、どうすれば良いでしょうか？

まず「10x」に基づく「集中の日」の考え方では、限られた時間の中でユニークアビリティを活かして最重要の仕事に取り組むことで、最高の生産性を発揮するとしています。

「集中の日」には、とくに売上や利益につながるという観点で最重要の仕事を行います。

もし、あなたが直接販売を行う場合には、顧客と会って販売をしたり、販売を行うためのヒアリングや情報提供をしたり、関係を構築したりするなどの活動がそれにあたります。「売上や利益につながる」という意味では、ユニークアビリティを活かして、あなたの会社の販売担当者をサポートしたり、広告を出したり、ウェブサイトを作成したりする仕事もあるでしょう。

また、「集中の日」を活用しながら10倍の成果を出すためには、ユニークアビリティを活かしたチームの連携は不可欠です。「集中の日」にチームメンバーはそれぞれの役割を果たし、同時に「インパクト・フィルター」で設定したプロジェクトの成功の基準を達成できるようにチームとして取り組みます。

「集中の日」にチームメンバーがそれぞれのユニークアビリティに特化した仕事をし、最高の生産性を発揮して、中長期的な視点で継続的に成長しながら、より大きな成果を出し続けることを目指します。なぜなら、「10倍の目標」というのは最高の生産性を発揮する時間を積み重ねた結果だからです。

このように「集中の日」にユニークアビリティを活かして仕事に取り組むことができたら、やりがいと幸せを感じながら、仕事を通して成長し続け、大きな成果につながっていきます。

「集中の日」には「トップ20クラブ」のキーパーソンと一緒に仕事をする

「集中の日」には、ユニークアビリティを活かすだけでなく「誰とやるか」も意識して実践します。

ここで役立つのがストラテジック・コーチ社のプログラムで教えている「トップ20クラブ」というコンセプトです。「トップ20クラブ」は、組織の売上の80パーセント以上は20人のキーパーソンが関わっているという考え方に基づいています。

これまでの会社の実績や経験、これから注力していく方向性をもとに、20人のキーパーソンを選び、リスト化したものが「トップ20クラブ」です。この20人はあなたの会社の事業に大きな価値をもたらす、戦略的に重視し注力する顧客やパートナーになります。

「トップ20クラブ」のリストを作成したら、それぞれのキーパーソンに対して、どのチームメンバーがいつどのようにアクションを行うかを決めます。

「集中の日」には「トップ20クラブ」のキーパーソンと会い、関係を構築し、売上につながる仕事を行いましょう。キーパーソンは、あなたの会社の目標を達成するのを助けてくれる「誰か」にあたります。

「予備の日」には生産性と自由な時間の質を高め、増やす活動をする

「予備の日」は時間の使い方を変えるために最も重要な日

「集中の日」「予備の日」「自由の日」の3種類の日の中で、「予備の日」はその名前から軽視されがちですが、じつは効果的な時間の使い方に変えるために最も重要な日です。

「予備の日」の時間の使い方が、あなたの将来の成功を実現するための土台になるからです。逆に言えば、この「予備の日」の土台なしに自由な時間を持ちながら10倍の成果を出すことは難しくなります。

「予備の日」とは、ビジネスを運営するためのルーティンの書類仕事、スケジュールを立て

る、仕事を任せる、引き継ぐ、仕事関係の研修や教育活動などをする日で、たとえば次のような活動を行います。

- ビジネスを円滑に運営するためのルーティンの書類仕事や雑務を行う
- スケジュールを立てる。情報の整理をする
- 社内外の関係者とコミュニケーションをとる
- 採用する。オリエンテーションをする
- 仕事を任せる、引き継ぐ
- 新しい能力を身につける
- ビジネスの戦略や計画を立てる

顧客のために行うすべての仕事は「集中の日」と考えがちですが、必ずしもそうではありません。「集中の日」ではユニークアビリティを活かせる最重要の、とくに収益性のある活動を行いますが、あなたがユニークアビリティを発揮するけれども顧客が対価を払わない仕事は「予備の日」の活動になります。

顧客が価値を感じて対価を払う仕事は「集中の日」、対価を払わない仕事は「予備の日」

と考えると区別しやすいでしょう。

生産性と自由な時間の質を高める「予備の日」の過ごし方

「予備の日」の使い方には3つの段階があります。**第1段階として、ビジネスを円滑に運営するために必須なルーティンの仕事をします。**メールやメッセージ、電話のやりとり、社内資料などの内容確認や承認などを行うことが多いです。1つずつ、こうしたルーティンの仕事や雑務をこなしていきます。

ビジネスを円滑にするためのルーティンの仕事や雑務を行う活動をさらに分解すると、6つの種類があります。

1つ目はルーティンの書類仕事。2つ目はオフィススペースなどの環境面の整理。3つ目はお金に関わること。4つ目は健康に関わること。5つ目は法律に関わること。6つ目は人間関係に関わることです。これらの重要性は、人によってさまざまですが、そのままにしておくと、あなたの集中力やエネルギーを妨げたり、新たな問題を引き起こしたりする可能性がある、というのが共通点です。

あなたのユニークアビリティを最大限に発揮するためにも、「予備の日」はこれらの書類仕事や雑務を片づける日とし、ストラテジック・コーチ社では、この活動を**「クリーンアップ（掃除）する」**と表現しています。

ただし、「予備の日」に、ビジネスの運営に必要な必須のルーティンの仕事だけをしていたら現状は変わりません。そこで、ルーティンの書類仕事や雑務を片づけたら、**第２段階として、人に仕事を任せる、引き継ぐ活動にも時間を使います。**

仕事の任せ方は、第３章でお伝えした「ＡＢＣモデル」とユニークアビリティに特化した仕事の割り振り方に沿って行ってください。あなたが現在の仕事でユニークアビリティに該当しない仕事はきっとあるはずです。

また、「予備の日」の活動の中にある「ルーティンの書類仕事や雑務を行う」。情報の整理をする」なども、これらの仕事でユニークアビリティを発揮できるアシスタントに任せることをおすすめします。「集中の日」にあなたが最重要の活動に注力できるよう、ユニークアビリティを発揮できない仕事は人に任せて引き継いでください。

ちなみに「予備の日」の活動の中に、私は「採用する」「オリエンテーションをする」といった活動も入れています。もしあなたの会社にユニークアビリティを発揮してこれらの活動ができる人がいれば、その人がこの仕事を「集中の日」に行います。

第3段階として、新しい能力を身につける活動を行います。

ビジネスを成長させるためには、継続的に新しい能力を身につける必要があります。新しい能力を身につけるというのは、新しい知識やスキルを学ぶ、新たなコラボレーションや戦略的提携を行う、新しいテクノロジーを活用するといったことも含まれます。

緊急にやらなくてはいけない仕事が生じると、こうした新しい能力を身につける活動は先延ばしになりがちですが、「予備の日」の時間を確保することで、新しい能力を身につけられます。

このように「予備の日」には、第1段階でクリーンアップの活動、第2段階で仕事を人に任せる活動、第3段階で新しい能力を身につける活動があります。段階が進むにつれて、1つ前の段階の活動に費やす時間を減らしていくことができます。

そうして減らした時間を「集中の日」や「自由の日」の時間に割りあてることができます。どちらの日に割りあてたいかは、あなたしだいです。

あなたがもっとユニークアビリティを活かして仕事をしたいのであれば「集中の日」を増

「予備の日」の３つの段階

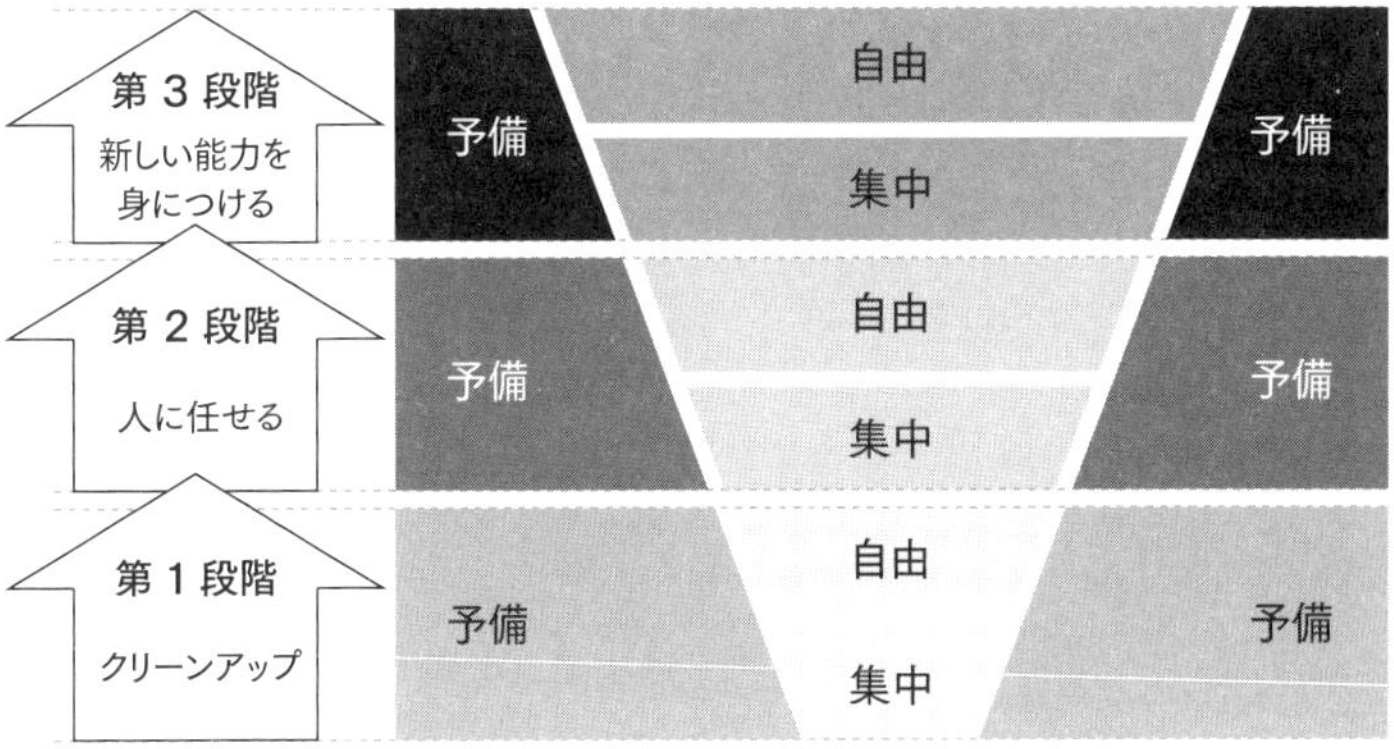

やし、自由な時間を持ちたいのであれば「自由の日」を増やしてください。

「予備の日」によって、スケジュール管理の調整もしやすくなります。

仮に休日ではない日はすべて「集中の日」として目いっぱい仕事をしていたら、急に緊急度の高い仕事が入ってきたときに、仕事を断らないといけなかったり、無理をして「自由の日」や睡眠時間を削って仕事をしなければならない状況に陥ってしまったりする可能性があります。「予備の日」を持つと、そうした事態にも対応できます。

「予備の日」を持つことは、ほかにも効能があります。「予備の日」にあなたの集中力を妨げる可能性がある雑務をクリーンアップすることで、「集中の日」でユニークアビリティを発揮して仕事に注力できるようになります。

また、急ぎで緊急度の高い仕事が入ったとしても「予備の日」で調整できるようになり、さらに自分の仕事を人に任せ、引き継ぐと、「自由の日」には仕事のことを気にせず心からリラックスして活力を回復する時間を過ごせるようになります。

こうして「予備の日」を持ち、活用することで、「集中の日」には仕事の生産性を高め、「自由の日」の質を高め、豊かな時間を過ごせるようになるのです。

「自由の日」には仕事をいっさいせず、創造性を高めたり、心身を活性化したりする

疲れたから休暇を取るのではなく、疲れる前に休暇を取る

もし、あと1年で人生が終わるとしたら、あなたはもっと仕事をしたいですか？

人生の終わりに「もっと仕事をすれば良かった」と後悔する人はほとんどいないそうです。その代わりに、多くの人は「仕事ばかりするのではなく、もっと自分のやりたいことをやれば良かった」「もっと大切な人と過ごす時間を持てば良かった」と思うそうです。

そして多くの人は、人生の終わりに自分の人生を振り返り、その質について考えるそうです。「自分が本当に生きたい人生を生きたか？」「それとも、仕事ばかりの人生だったか？」と。

「自由の日」は「自分が本当に生きたい人生を生きたか？」という観点からは、３種類の中でも最も重要な日です。

多くの人の休暇の取り方は、仕事をし続けて、疲労が蓄積してきて、その報酬として休暇を取得するというような考えに基づいています。

「10ｘ」に基づく休暇の取り方は、先に休暇を設定します。なぜなら、心身を休めたり活性化できたりする時間を過ごせれば、休暇後にクリエイティビティと生産性が高い状態で仕事に注力できるからです。

定期的に「自由の日」を過ごすことで、身体的にも、精神的にも、感情的にも仕事を行ううえで良い状態を保てるようになります。

仕事を続けて疲れが出てくると、クリエイティビティやエネルギーが徐々に下がってきて、その状態が長く続くと受け身の仕事しかできないような状態になってしまいます。そうなる前に、次の「自由の日」を過ごせるようにスケジュールしておくわけです。

「自由の日」に仕事をいっさいせず、心身を休め活性化すると、クリエイティビティもエネルギーも高く、今までとは同じやり方ではなく、リスクを伴うようなチャレンジングな仕事にも取り組めるようになります。

「自由の日」を持つことの効能とおすすめの過ごし方

「自由の日」をあらかじめ設定し、残りの日を「集中の日」と「予備の日」に割りあてます。そうすることで、自分が仕事のために使える時間が限られていると認識できます。

時間が有限だとわかるからこそ、いかに効率的かつ効果的に使うかという意識にもスイッチが入るのです。その結果、「集中の日」には収益を生み出す最重要の仕事に取り組み、「予備の日」には「集中の日」の生産性を高める活動に取り組めるようになります。

「自由の日」を持つ効能はこれだけではありません。**あなたが休みを取ることで、チームメンバーが成長します。**あなたが「自由の日」を過ごしている間、あなたのチームメンバーはあなたの助けを得ることができないため、自分たちで考え、あなたがいないところで判断することになるからです。

チームメンバーは、ときに失敗することもあるかもしれませんが、その経験から学ぶことができます。そうやってチームメンバーは、より仕事に対する責任感を持つことができます。ひいては、それがまたチームの力の底上げになるのです。

とはいえ、あなたが不在のときの対応をチームメンバーにいきなり任せるのではなく、「予備の日」を使って「10x」による「仕事の割り振り方」を参考にしながら段階的に仕事を任せるようにしてください。

その結果、チームメンバーはあなたに依存することなく、自立して対応できるようになり、あなたが不在の間も滞りなくビジネスが回るようになります。そうなると、あなたも「自由の日」に安心して休暇を過ごすことができるでしょう。

「自由の日」は仕事をいっさいせずに心身を休め活性化する日であるとお伝えしましたが、私の経験上、最初は「自由の日」に仕事をまったくしないで過ごすのが難しかったです。

ついつい仕事のことが気になって、メールをチェックし、早めに対応したほうが良いと思うメールを読んで、休日にも仕事をすることもありました。

しかし、休日はいっさい仕事をせずに、心身を休め活性化する過ごし方をしたほうが生産性は上がります。これは私が仕事とプライベートのオンとオフのスイッチを上手に切り替えられるようになって実感したことです。

最初から完璧に仕事をしないというのは、とくに真面目な人にとっては難しいかもしれませんが、徐々にオフに切り替えられるよう休める時間を意識的に増やしてください。

「自由の日」におすすめするのは、仕事以外で自分が本当にやりたいことができる時間を過ごすことです。

私の場合は、家族や友人たちと旅行をしたり、バーベキューやキャンプ、ハイキング、サーフィンなどをして過ごしています。私にとっては旅をすることや、ふだん会わない人と会って一緒に何かをすることで、新しいアイデアやノウハウ、インスピレーションを得ることができ、意見交換もできるので良い刺激となり、クリエイティビティを高められる効果があると感じます。また、本を読んだり、映画を観たり、美術館へ訪れたりもしています。

「自由の日」の夕方には、心身を活性化するために、ジムに行って、筋トレ、ストレッチ、水泳をしてから、サウナに入ることがルーティンになっています。

人によって、やりたいことはさまざまだと思いますので、自分が心から満足できる活動をしてください。

逆におすすめしないのは、「自由の日」に心から満足できる活動をしないことです。たとえば、SNSを何となく眺めていたり、たまった家事をしなくてはならなかったり、人から頼まれた用事があったりして1日が終わってしまうのは、心身を休めたり活性化したりする

「自由の日」にはなりません。

私たちは「働くために生きる」のではなく、**「生きるために働く」**のだと思います。私も仕事を最優先にしていた生活が続いていたら、人生の終わりに「仕事ばかりするのではなく、もっと自分のやりたいことをやれば良かった」「もっと大切な人と過ごす時間を取れば良かった」と後悔するでしょう。

「自由の日」を十分に過ごすと、仕事以外の人生の側面にも気づき、さまざまなものに感謝の念を持つことができます。

そうした日々を重ね、人生の終わりに「最高の人生だった！」と思える時間の過ごし方をしていることを心から願っています。

「良い流れを生み出す行動」はすべてルーティンに取り入れる

10倍の成果を出したかったら、一生懸命働くのはやめなさい

私は経営者として、これまで多くの会社を見てきて思うのは**「忙し過ぎる会社ほど成長しない」**ということです。

このように言うと「忙し過ぎる会社というのは、仕事が多くあって、それらに応えて働いているのだから成長できるのでは？」と思うかもしれませんが、そうではないと断言できます。

ここで言う「忙し過ぎる会社」とは、目の前の仕事をただやり続ける会社のことです。とくに会社のトップやリーダーが必死に働き、目の前の仕事だけをバリバリとこなしている会

社は、ある一定以上の成長を遂げることができません。

忙し過ぎる会社は徐々に衰退し、その後、崩壊に向かいます。なぜなら、**会社のトップやリーダーの重要な仕事は、目の前の仕事をこなすことではなく、全体を俯瞰して、会社の戦略を立て、中長期的に継続して成長させていくことだからです。**


忙し過ぎる会社は、儲かっているように見えて、労働の費用対効果が悪くなってしまいます。長時間働いて結果を出すやり方は一時的な効果はあるかもしれませんが、中長期的に継続して成長するのは難しく、10倍の成果をあげることもできません。

忙し過ぎると、成長するためのクリエイティブな発想や解決策を生み出せなかったり、勉強する時間がなくなってしまったりして、何より心身が休めず、その会社にいる人たちは疲弊して成長できなくなってしまうからです。

では、どうすればいいか。本書でお伝えしてきた「10倍の目標」を実現する4つのステップに取り組み、「集中の日」「予備の日」「自由の日」の3種類の日をバランスよく設定することです。

ただし､私は仕事で忙しくなること自体を否定しているわけではありません｡たとえば､「集中の日」を意図的に多めに設定して充実した仕事の日々を過ごすことは問題ないと思います。

しかし、目の前の仕事をこなすことで目いっぱいになるほど忙し過ぎる状態は良くないと考えています。**クリエイティブな発想は、余裕がないと生まれないからです。**

忙し過ぎる状態を防ぐために、「予備の日」を定期的に持つことで、人に仕事を任せたり、引き継いだりして、時間を生み出せるようになります。

その生み出した時間を「集中の日」に割りあて、最重要な仕事をするのか、それとも「自由の日」に割りあて、心身を休めたり活性化したり、大切な人たちと過ごしたりして、「集中の日」のクリエイティビティや生産性を高めるのか、自分で調整できるようになります。

「1ページプロダクティビティ」によって1日の行動の優先度を明確にする

3種類の日をバランスよく設定して過ごしていくと、人生全体に良い流れが生まれてきます。とくに忙し過ぎる日々を過ごしていた人は、「自由の日」で心身を休めたり活性化したりすることができ、「予備の日」に自分の裁量で「集中の日」の仕事の生産性を高めたり、「自由の日」を増やせたりするようになってきます。

この流れをしっかりと習慣化すべく、1日の行動の優先度を明確にして良い流れを生み出すツールがあります。それはストラテジック・コーチ社で**「1ページプロダクティビティ」**

と呼ばれ、「その日に取り組むプロジェクト」「人との連絡」「最優先事項」の3項目についてA4用紙1枚の紙にまとめたものです。

ここでの「優先度」は、時間管理のマトリックスで言うところの「緊急度が高くて重要度が高い（第1領域）」「緊急度が低くて重要度が高い（第2領域）」「緊急度が高くて重要度が低い（第3領域）」の順番で優先づけをしていきます。「重要度も緊急度も低い（第4領域）」は最後にやる、もしくはやらないと決めてください。

第2領域と第3領域はどちらを優先したら良いか迷うところですが、第2領域を優先すると生産性が上がります。重要度が高い行動をしていると、緊急になる前に解決していき、いつしか緊急の仕事が発生しなくなり、時間と労力を重要度の高い行動に集中できるためです。

複数のプロジェクトを同時進行するのはマルチタスクにあたり、効率が悪くなってしまうため、取り組むプロジェクトは3つ以内に絞りましょう。

「1ページプロダクティビティ」を行うことで、生産性が毎週30パーセント向上すると言われています。個人的な体感としては、30パーセント以上です。1枚の紙に優先する行動を書き出すというシンプルなことで、1日のクオリティが驚くほど向上します。

「1ページプロダクティビティ」は次の3つのステップで簡単にできるので、ぜひこの機会に習慣として取り入れてみてください。

ステップ1：朝、仕事を始める前に紙とペンを用意して、「1ページプロダクティビティ」の「プロジェクト」の欄に、今あなたが取り組んでいる仕事のプロジェクトを3つ、それぞれのプロジェクトの行動を5つリストアップしてください。5つすべて書き出さなくても大丈夫ですが、優先度の高い行動をピックアップします。「プロジェクト」と記載していますが、資格や受験の勉強、ダイエットなどにあてはめてもOKです。

ステップ2：「人との連絡」の欄に、「その仕事を完了させるために連絡をとる人」と「その仕事を完了させるために連絡を待っている人」を書いてください。

ステップ3：「最優先事項」の欄に、「今日中に必ず何があっても完了すべき重要なこと」を書いてください。

1ページプロダクティビティの記入例

プロジェクト		
プロジェクト1	**プロジェクト2**	**プロジェクト3**
新規事業の立ち上げ	学会セミナーの開催	新刊の出版
このプロジェクトを進めるためにする5つのこと	このプロジェクトを進めるためにする5つのこと	このプロジェクトを進めるためにする5つのこと
1 インパクト・フィルターの作成 2 チームメンバーの選出・役割の明確化 3 チームメンバーとの打ち合わせ 4 5	1 演者への依頼 2 学会事務局への必要書類提出 3 セミナーのチラシの作成 4 5	1 執筆 2 編集者との打ち合わせ 3 4 5

人との連絡			
連絡する人	今日何があっても必ず連絡しなければならない人のリスト	**連絡待ちの人**	プロジェクトを進めるために連絡を待っている人のリスト
Aさん Bさん Cさん		Dさん Eさん	

最優先事項
今日中に必ず何があっても完了すべき重要なこと (プロジェクト1) ・インパクト・フィルターの作成 ・チームメンバーとの打ち合わせ日時の調整 (プロジェクト2) ・演者への招聘状を作成、送付 ・学会事務局へセミナー運営に必要な看板、会場機材などを依頼 ・チラシ作成についてデザイナーとの打ち合わせ (プロジェクト3) ・新刊の第3章の2つ目の大項目の執筆

現実的にできることや、多少無理をしてでもその日中に終わらせることを書き出して、優先度を明確にするのがポイントです（紙に書き出すのではなく、パソコンやスマホにテンプレートを保存して、入力してもOKです）。

そうすると、1日のうちに優先度の高い行動ができるようになるだけでなく、「やらないこと」を決めることにもなります。慣れれば5分ほどで作成できます。

「10x」を習慣化して「豊かな生き方」を手に入れる

「10x」を習慣化した1日は、「1ページプロダクティビティ」で優先度を明確にすることから始まります。

朝の起床後の約3時間は、脳が最も効率よく働くゴールデンタイムです。その理由は、前日の記憶が睡眠中に整理され、朝の脳はクリアな状態になるからです。

この時間帯は思考力や集中力を発揮しやすく、新しい記憶を収納したり、創造性を発揮したりすることに適した状態になるので、「1ページプロダクティビティ」で明確にした優先度の高い仕事から取り組んでいきましょう。

私は「1ページプロダクティビティ」を習慣化するまでは、先述したように1日の仕事の始まりはメールの受信ボックスに届いているメールやチャットのメッセージに返信していました。

こうした受け身の行動は、優先順位が低いものからスタートすることが多く、その日に本当にやるべき重要なことができないまま1日を過ごしてしまいます。

現在は、毎朝この「1ページプロダクティビティ」を「集中の日」と「予備の日」だけでなく、「自由の日」にも行い、「自由の日」には仕事以外の行動の優先度も明確にしています。

なお、**「睡眠時間」は絶対に削ってはいけません。**

最初に「自由の日」を設定するときに、毎日の睡眠時間も確保してください。適切な睡眠時間については、さまざまな研究結果から6～8時間が目安と言われています。

睡眠においては「いかに質の高い睡眠をとるか」が重要であり、1人ひとりの体質や生活内容で異なるため、自然に眠れて、日中眠くなることがない程度の時間を目安にするのが良いでしょう。

「10x」に基づいた時間の使い方を実践するまでは、仕事の時間を確保するために睡眠時間を削っていましたが、日中眠くなってしまい思考力や集中力が落ちてしまったり、体調を崩してしまったりすることが多くありました。

十分な睡眠時間を確保するようになってからは、明らかに仕事のパフォーマンスが上がりましたし、以前のように体調を崩すこともなくなり、目指す未来へ向けてエネルギー高く日々を過ごせるようになりました。

「10x」を習慣化するというのは、いわば「集中の日」「予備の日」「自由の日」をバランスよく設定し、適切な睡眠時間を確保して「1ページプロダクティビティ」を活用して充実した日々を過ごせるようになることです。

つまり、「10x」に基づいた時間の使い方ができるようになると、結果的に「豊かな生き方」が手に入っているというわけです。

バランスのいいビジョンを持って「豊かな生き方」を手に入れよう

人生を充実させたかったら、バランスのいいビジョンを持ちなさい

「もっと自分の人生を充実させたい」

これは年齢や性別を問わず、多くの人たちが胸に秘めている思いではないでしょうか。はたから見ていて幸せそうでも、本人にとっては何かしらの問題を抱えている場合もあります。「私の人生はとても充実している」とはっきり断言できる人は、想像以上に少ないのかもしれません。

いったい、どうすればもっと人生は充実するのでしょうか？

この答えは、人によって異なります。なぜなら、やりがいのある仕事、家族や恋人のような大切な人たちとの関係、健康な身体、自由な時間など、1つではなく複数の要素があり、それらの要素の重要度は人によって価値観が異なるからです。

だからこそ、**自分のビジョンを明確にしたうえで、大切にしたい要素における現状を把握し、自らが望むベクトルへ向かって行動を起こすことが、人生を充実させ、「豊かな生き方」につながるのです。**

私が「10xアンビションプログラム」に参加した際に、人生で大切な10の要素におけるビジョンを明確にするというワークがありました。**10の要素とは「健康」「人間関係」「お金」「自由な時間」「能力」「評判」「顧客」「チームワーク」「貢献」「自己成長」です。**

多くの人は、これらの要素の1つか2つにばかり注力しがちで、それがほかの要素への注力を妨げてしまいます。

10の要素は相互に影響し合います。たとえば、「健康」と「自己成長」は密接に関連しています。なぜなら、健康な身体は学習や成長に必要だからです。逆に、体調が悪かったり、病気にかかっていると、学習や成長に対する意欲が低下します。「健康」は「能力」の向上にも寄与します。

「お金」は多くの要素に影響を及ぼします。十分な資金があると、「自己成長」のための教育や設備に投資でき、「自由な時間」が充実します。「お金」は「人間関係」にも影響を及ぼし、経済的な安定は家族や友人との関係に安心感をもたらします。

「評判」はとくにビジネスや人間関係において重要です。良い評判は「顧客」を引き寄せ、ビジネスの成功をもたらします。また、「評判」は「チームワーク」にも影響を与え、協力関係を強化します。

「貢献」は他者に対するサポートを通して良い「人間関係」を築き、「自己成長」を促進し、ビジネスの「能力」を高めます。また、「貢献」は「顧客」や「評判」にもポジティブな影響を及ぼすでしょう。

「自己成長」はすべての要素に関連しています。「自己成長」を追求することで、ほかの要素を向上させ、より豊かな人生を築く助けとなります。

このように、**10の要素は互いに連動し、バランスをとることが成功と幸福につながります。1つひとつの要素に焦点をあてつつも、全体の調和を保つことが大切です。**

「GAP&GAIN」の考え方で人生の輪を大きくしていくことで「豊かな生き方」を手に入れる

10の要素のビジョンを明確にして、現状を把握し、各要素の満足度を高める取り組みは、「人生の輪」と共通しています。「人生の輪」とは、自分の現状を分析できるコーチングでよく使われるツールの1つです。「人生の輪」では、10ではなく8つの要素について、10点満点で自己採点し、数値を図に記入して線で結びます。

8つの要素とは「健康」「人間関係」「お金」「自由な時間」「自己成長」「環境」「仕事」「家族」です。

10の要素と大半の要素が重なっています。10の要素にしろ、8つの要素にしろ、ポイントとしては、一部の要素だけに注力するのではなく、すべての要素をバランスよく高めていくことです。

たとえば、かつての私は、「評判」や「能力」といった仕事の要素への注力度が高い一方で、家族との時間を十分に過ごすことができず「家族」の満足度は低くなっていました。

また、「自由な時間」を持てず、睡眠時間を削り、運動をしないといったことから「健康」の要素が低く、「人間関係」にも注力できていませんでした。

人生の輪

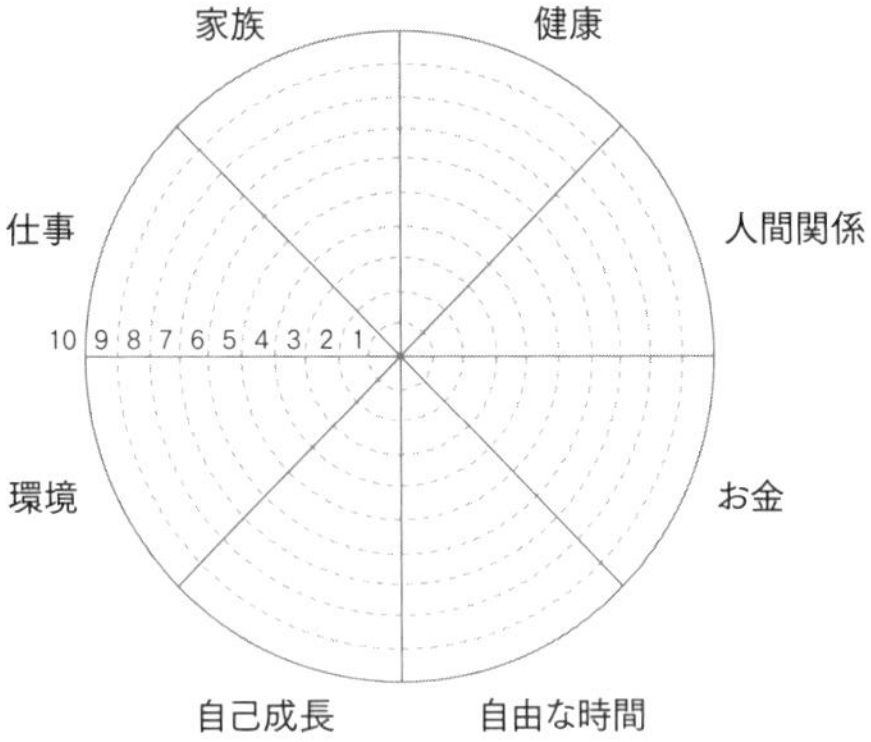

その後、「10ｘ」のプログラムで10の要素の一部だけに注力するのではなく、すべての要素のビジョンを明確にして、現状を把握し、それぞれの要素のビジョンの実現に取り組むようになりました。

「10ｘ」に基づく考え方で「10倍の目標」を達成する４つのステップを実践し、10の要素における満足度をすべて高める。

その結果、人生で大切にしたいことが明確になり、バランスがとれ、自分の人生に心から満足できるようになりました。

実際に、このツールを使って採点をすると、各要素で点数が高いところと低いところがあることに気づきます。採点したら、バランスの良い大きな輪になるには何が足りないのかを考えます。そうすることで、点数が低いところを高めるためのアクションを起こすきっかけになり、その取り組みを通して、人生はより充実していきます。

「10x」には「GAP&GAIN」という考え方もあります。GAPは「差」、GAINは「増進」という意味があり、自分の理想のビジョンと現状の「差」を評価するのではなく、**スタート時点の自分から現状の自分への「増進」を評価する**という考え方です。

つまり、理想のビジョンと現状との差がGAPであり、スタート時の自分から現状の自分への成長度合いがGAINになります。**脳の仕組み上、GAPを考えると人は自信を失ってしまいますが、GAINを考えることで幸福度が上がり、自信もつくのです。**

本書でお伝えした90日ごとの振り返りの際にも、この考え方を意識し実践しましょう。

ただし、振り返るときには、理想のビジョンと現状の差を比較しないでください。理想のビジョンにある未来の自分をイメージするとモチベーションが高まりますが、現状の自分と理想のビジョンを比べてしまうと、理想のビジョンがまるで地平線の先にあって、いくら進んでも近づかないように感じてしまいます。

理想と比べるのではなく、90日前の自分と今の自分を比較してください。スタート地点から、きっと思っていた以上にそれまでのチャレンジや経験を通して成長していることに気づき、自信を得られるはずです。

「10x」に基づく10の要素や「人生の輪」における8つの要素におけるビジョンを持ち、バランスよくそれぞれの要素を高めていく。その結果、「豊かな生き方」を手に入れることができるのです。

おわりに

正直なところ、私はこの本の内容を公開することに恐れがありました。

なぜなら、経営者である自分が、平日は午後5時に帰宅して、休日は仕事をせずに過ごしているライフスタイルに批判の声が出るのではないかと思ったからです。

さらに言えば、かつての私が平日5時に帰宅して休日に仕事をしない経営者のもとで働いていたら、「経営者なら、もっと働くべきだ！」と思うでしょう。

「経営者は会社の中で誰よりも働くべきだ！」と思う人は多いですし、私自身も長い間、それが常識だと思っていました。

なぜそう思っていたかというと、子どもの頃から「より良い人生を手に入れるためには人並み以上に努力すべき」「好きではないことや苦手なことでも頑張って克服すべき」という価値観が植えつけられてきたからです。

そのため、人並み以上に働き、自分が好きではない苦手な仕事も率先してやっていました。しかし、十分な休みをとらずに睡眠時間を削って仕事最優先の日々を過ごしているうちに、憂鬱な気持ちが続き、焦燥感や不安感に駆られるようになりました。

メンタルの不調だけでなく、いつも仕事ばかりしていて、子育てや家事の負担が共働きの妻に偏ってしまい、家族との関係も冷えきってしまいました。家族を幸せにしたいという思いを持って一生懸命働いていたのに、本末転倒になっていたのです。

こうした状況に陥っている経営者は世の中にごまんといます。そして、そうした経営者のもとで長時間働き続けている従業員も大勢います。いまだに根強く残っている「残業している人が偉い」という価値観や同調圧力があり、周りが残っているから定時に帰れずに残業する人も多いです。

私自身もそうだったのですが、そうした状況にあるなかでの常識は「長く働けば働くほど成果が上がる」という考え方です。

その後、仕事で成果を出すと同時に、家族との時間も大切にできるライフスタイルをどうしたら実現できるかを本気で模索するようになりました。そして、探し続けた結果見つかった、最も効果が高く、最も再現性が高い仕組みが、本書で紹介した「10x」です。

この仕組みは私のライフスタイルだけでなく、私と働くチームメンバーのライフスタイルも変えました。実際に私の周囲も、家族との時間を大切にできるライフスタイルを実現しながら、やりたい仕事で活躍して、チームで大きな成果を出せるようになっています。

「10x」に基づく働き方は、私の人生を変えたと言っても過言ではありません。

私はこの経験をもとに、忙しい経営者や起業家を対象に、「10倍の成果を出しながら自由な時間を増やす講座」を提供するようになりました。その結果、人生を激変させる人が続出しています。

- たった1年で、年商1000万円が1億円になった
- 自分がやっていた仕事をほかの人に任せられるようになり、資産が10倍に増えた
- 廃業寸前の農園事業がV字回復し、自分の可能性に自信が持てるようになった
- スタッフ全員が同じ方向に向かうようになって、社内に一体感が生まれた
- 売上が右肩上がりになり、新しい事業もスタートさせることができた

「10x」はこれまでの常識を覆すやり方かもしれませんが、どんな職種や状況でも応用できる再現性の高い方法であることもわかりました。

だからこそ、長時間働いても成果が出ず、プライベートの時間も持てないと悩む人に知ってもらいたいと思って生まれたのが、この本です。1人でも多くの人がこの本を読んで人生を変えるきっかけになればと思い、1冊の本としてまとめ、勇気を持って公開することにしました。

最後に、私の思いをご理解いただき、本にする力をお貸しいただいた日本実業出版社の川上聡編集長、そして導いてくださったブックオリティの高橋朋宏先生、平城好誠ディレクターに感謝を申し上げます。「10x」に基づく働き方を教えてくださり、自分と家族の人生を変えるきっかけをいただいたダン・サリヴァンに心から感謝しています。

かつての私のように一生懸命、長時間働いていても成果が出ず、プライベートの時間も持てない忙しい人が、この仕組みを身につけ、豊かな人生を手に入れてほしいと心から願っています。

2024年3月1日　鎌倉の自宅書斎にて　名郷根 修

参考書籍

『自動的に夢がかなっていくブレイン・プログラミング』アラン・ピーズ、バーバラ・ピーズ 著／市中芳江 訳／サンマーク出版

『天才！ 成功する人々の法則』マルコム・グラッドウェル 著／勝間和代 訳／講談社

『The 10x Mind Expander』Dan Sullivan／Author Academy Elite

『コンフォートゾーンの作り方』苫米地英人／フォレスト出版

『Wanting What You Want』Dan Sullivan／Author Academy Elite

『The 25-Year Framework』Dan Sullivan／Author Academy Elite

『The 4C's Formula』Dan Sullivan／Author Academy Elite

『なぜ売れるのか――「売れない時代」のヒットの秘密』伊吹卓／すばる舎

『ワーク・スマート チームとテクノロジーが「できる」を増やす』岩村水樹／中央公論新社

『マインドセット「やればできる！」の研究』キャロル・ドゥエック 著／今西康子 訳／草思社

『The ABC Model Breakthrough』Dan Sullivan／Author Academy Elite

『ＷＨＯ ＮＯＴ ＨＯＷ 「どうやるか」ではなく「誰とやるか」』ダン・サリヴァン、ベンジャミン・ハーディー著／森田美子 訳／ディスカヴァー・トゥエンティワン
『これだけ！ ＳＭＡＲＴ』倉持淳子／すばる舎
『働き方の哲学 ３６０度の視点で仕事を考える』村山昇／ディスカヴァー・トゥエンティワン
『一勝九敗』柳井正／新潮社
『１４４０分の使い方――成功者たちの時間管理15の秘訣』ケビン・クルーズ著／木村千里 訳／パンローリング株式会社
『The Gap and The Gain: The High Achievers' Guide to Happiness, Confidence, and Success』Dan Sullivan／Benjamin Hardy

名郷根　修　（なごうね　しゅう）
株式会社ハイパフォーマンス代表取締役。1978年岩手県生まれ。Rotterdam School of Management, Erasmus University 経営学修士（MBA）。米国戦略コンサルティングファーム、グローバル医療機器メーカー・フィリップスで勤務後、現在はグループ合計年商180億円の医療分野の会社・南部医理科とフィンガルリンクの経営に携わり、世界最先端の医療技術や製品の普及に努めている。「伝説の戦略コーチ」として知られ、Strategic Coach社を創設したダン・サリヴァン氏に師事し、同社が提供している「10x Ambition Program」を卒業した唯一の日本人。会社経営者やエグゼクティブ、起業家を対象に、事業を10倍にしながら自由な時間を生み出す講座、仕事の生産性を上げることに特化したコーチングプログラムを提供している。

株式会社ハイパフォーマンス
https://www.high-performance.co.jp

10x《テンエックス》　同《おな》じ時間《じかん》で10倍《ばい》の成果《せいか》を出《だ》す仕組《しく》み

2024年3月1日　初版発行

著　者　名郷根 修　©S.Nagone 2024
発行者　杉本淳一

発行所　株式会社日本実業出版社　東京都新宿区市谷本村町3-29　〒162-0845
編集部　☎03-3268-5651
営業部　☎03-3268-5161　振　替　00170-1-25349
https://www.njg.co.jp/

印刷／壮光舎　　製本／若林製本

ISBN 978-4-534-06082-2　Printed in JAPAN